Estudios PSI

Ilustración de cubiertas: Valeria Nogueira
Diseño de colección: Gerardo Miño
Armado y composición: Eduardo Rosende

Edición: Primera. Marzo de 2022

ISBN: 978-84-18929-30-4

Código Thema: JM [Psicología]
MBPK [Servicios de salud mental]
PSAN [Neurociencias]

Lugar de edición: Buenos Aires, Argentina

Depósito legal: M-5409-2022

Cualquier forma de reproducción, distribución, comunicación pública o transformación de esta obra solo puede ser realizada con la autorización de sus titulares, salvo excepción prevista por la ley. Diríjase a CEDRO (Centro Español de Derechos Reprográficos, www.cedro.org) si necesita fotocopiar o escanear algún fragmento de esta obra.

© 2022, Miño y Dávila srl / Miño y Dávila editores sl

dirección postal: Tacuarí 540 (C1071AAL)
Ciudad de Buenos Aires, Argentina
tel-fax: (54 11) 4331-1565
e-mail producción: produccion@minoydavila.com
e-mail administración: info@minoydavila.com
web: www.minoydavila.com
redes sociales: @MyDeditores, www.facebook.com/MinoyDavila

La era del neuroTodo

Uso y abuso de las neurociencias

Guillemo Javier Nogueira

Dedicado a Virginia, Patricia, Valeria, Florencia, Memo, Guadalupe, Clemente, Morita, Sofía, Paz, Valentina, Rocco y Apolo. Sin ellos mi tarea y mi vida no habrían sido posibles.

*Mi más afectuoso agradecimiento a Emilio Levín, Jorge Jalfen, Jorge Affanni, José E. Burucúa, Raúl Carrea, Louis Bakay y Werner K. Noell, por tolerar pacientemente mis preguntas.
Dejar algunas sin responder era su manera de invitarme a seguir pensando, preguntando y reconociendo ignorancias propias y ajenas.*

ÍNDICE

Prólogo, *por Miguel Benasayag* 9

Introducción 13

Capítulo I
El descubrimiento del cerebro. Antecedentes 19

Capítulo II
El descubrimiento 23

Capítulo III
El re-descubrimiento 35
El primer gran paso 35
El segundo gran paso 37
Los "andamios" modelos del cerebro 47
El problema queda planteado 50

Capítulo IV
Lo *neuro*. El cerebro y los humanos 51

Capítulo V
El problema del *todo* 63

Capítulo VI
Crítica al *neuroTodo* 65

Capítulo VII
La Era.. 71
Las neuroimágenes 71
Las neurociencias. La neuropsicología 74
La década del cerebro y las décadas siguientes............................... 74
Las consecuencias. Crítica general 75
Los neuroderechos 85

Capítulo VIII
Críticas en particular 87
*Neuro*estética 87
*Neuro*ética 89
*Neuro*economía 93

Cierre a modo de epílogo... 95

Bibliografía 99

PRÓLOGO

por Miguel Benasayag

El trabajo de Guillermo Javier Nogueira es, por decirlo directamente, un buen regalo para el lector. Entendiendo por buen regalo aquel que se realiza con buenas intenciones, conociendo al receptor y la utilidad que tendrá para él. Todas esas cualidades tiene *La era del neuroTodo* que provienen de la buena intención del autor, un neurólogo, profundo conocedor de la materia, que entiende que es necesario compartir sus saberes y experiencias para ayudar al público a conocer y reflexionar sobre un tema que en muy pocos años se convirtió en central para nuestras sociedades.

Conoce a las personas a las que les hace el regalo, porque Guillermo sabe que el público en general está muy atento y al mismo tiempo fascinado por las noticias que le llegan sobre el tema "cerebro/neuro". En efecto, cómo no estar interesado, fascinado, si ellas nos dicen que hemos descubierto finalmente el porqué y el para qué de los actos, afectos y motivaciones de los seres humanos. Incluso las causas "materiales" de la ética estarían en la cabeza, dentro del cráneo y más precisamente en el cerebro y sus conexiones.

Y es entonces un regalo útil, "viene bien", porque es necesario poder comprender un poco este acontecimiento sociocientífico que son los nuevos conocimientos sobre el funcionamiento del sistema nervioso central (SNC). Hace ya cuatro siglos el gran Galileo anunciaba: "el universo está escrito en lenguaje matemático". Hoy todo parece llevarnos a la conclusión de que un nuevo "TODO" está escrito o, por lo menos, estructurado y explicado por las diferentes redes neuronales que constituyen nuestro SNC.

Nuestra pequeña y golpeada humanidad vive desde hace unos decenios una época bastante oscura. En ella se dan la llamada caída de las ideologías, las amenazas ligadas al ecosistema, una demografía descontrolada, sin olvidar las nuevas e inevitables pandemias y epidemias que desde ahora en más, y debido en buena parte a la desregulación de los ecosistemas, se abaten sobre nosotros y las otras especies animales que, sin arte ni parte, sufren con los humanos los desastres del antropoceno.

En medio de tanta amenaza, en un momento donde los mismos límites clásicos de la racionalidad, que la limitaban a lo analíticamente previsible caen, momento de inquietud en que la mayor parte de nuestros contemporáneos no están psicológicamente capacitados de asumir, es justo en ese momento que llega un nuevo **todo**, ¡¡¡ahí está!!! Claro, **todo** era **neural**... no será una solución, pero recrea una nueva, pequeña esperanza, y es ansiolítico.

No debemos olvidar que el libro de Guillermo hace a la vez eco al otro gran libro de Jean Pierre Changeux, *El hombre neuronal*, en el que el investigador francés afirmaba ya hace unos cuarenta años: "Estamos ahora en condiciones de abolir la barrera que separaba lo mental de lo neural", afirmación que dio lugar a la futura y arrogante afirmación que considera al cerebro, al sistema nervioso en su totalidad, funcionando como una máquina de estados discretos (MED), es decir, una computadora.

Entonces, si todo esta neuralmente determinado, si hay una neuro-economía, neuro-ética, neuro-afectos... y si lo neuro es asimilable a lo cibernético, la pequeña y perdida humanidad habría encontrado, en medio de la noche, un nuevo **todo**. Comienza así "la era del neuroTodo".

Es por ello que el libro de Guillermo es necesario, que cae bien, que es de buena fe, porque es necesario poder, como lo hace el autor, explicar seriamente, sin ceder a ninguna facilidad o reduccionismo, los ejes centrales de lo que realmente está sucediendo con los nuevos conocimientos del funcionamiento del SNC.

Saber cómo funciona el cerebro no nos debe permitir caer en el reduccionismo y la pretensión determinista actual, porque en realidad el funcionamiento, justamente, no es el **todo** de nada. Saber que los afectos, el pensamiento, el razonamiento poseen una base neural, que el espíritu humano no navega de modo platónico en un éter abstracto, saber que evidentemente todo afecto todo pensamiento posee **transductivamente**, su paralelo neurobiológico, no quiere decir que el funcionar sea justamente un todo neurobiológico.

El dilema se presenta entonces expresado como "funcionar o existir". Es cierto que no hay posibilidad de "existir sin funcionar", pero la existencia en su complejidad, en su no-linearidad, en su no-previsibilidad, no se reduce jamás al puro funcionamiento.

Hay cerebro, hay neuro, o más concretamente hay cuerpo, y todo esto dentro del existir, dentro de la fragilidad del existir.

Estas son algunas de las razones por las que me parece que, como decía al principio de este prólogo, el libro de Guillermo es… un buen regalo al lector, para abrirlo con emoción (y su correlato neural).

INTRODUCCIÓN

> *El saber es costoso y no suele hacerse de buena gana.*
> Platón

> *La raza humana: una especie incapaz de hacer frente a su propia diversidad, su propia complejidad, su propia diferencia radical, su propia alteridad.*
> Jean Baudrillard

Difícil tarea la de estudiar, investigar y pensar acerca de un objeto complejo. Las dificultades aumentan al querer simplificarla, pues dicho proceso requiere de varias etapas, cada una de las cuales es una transacción con posibles pérdidas y ganancias, aciertos y errores. Se inicia con una reducción del objeto en estudio para adecuarlo a la escala del investigador, según sus capacidades y posibilidades: el mesomundo, sin descuidar también el micro y el macromundo. Luego vendrá una segunda reducción, más bien una fragmentación en trozos de complejidad y tamaño manejables y, siguiendo el camino inverso, el rearmado, la integración en un todo similar al original pero raramente idéntico. La tarea se complica exponencialmente cuando el sujeto-objeto de estudio es a su vez similar al sujeto-objeto que lo está estudiando; incluso interrogándose a sí mismo por las propias razones del ser y el hacer, tal como lo resumiera elegantemente John Eccles en su frase "lo fascinante es el cerebro estudiando al cerebro".

Recorrido con semejanzas a "El jardín de los senderos que se bifurcan", "Las ruinas circulares" o "La biblioteca de Babel", tanto como con las inferencias y deducciones de las ciencias. Quizás nuestro destino humano sea construir reiteradamente torres de Babel o, tal como lo expresa Jean Baudrillard, plantearnos que nunca la ciencia ha postulado —ni siquiera la ciencia ficción— que las cosas nos descubren al mismo tiempo que las descubrimos; según una inexorable reversibilidad. Estamos predestinados a hacerlo alentados por la curiosidad y por la vana ilusión de respuestas que den cuenta de un todo imaginado, quizás fantaseado, a veces alucinado. De ese modo, marchamos hacia ese vacío que nos seduce, interroga y que llamamos ignorancia. Nos pertenece por estar dentro nuestro y nos llama en tanto que hay un afuera e inclusive un adentro misterioso, lleno de territorios por explorar, objetos por conocer y experiencias por vivir. Este vacío nos atrae como sujetos destinados a cumplir un mandato irrefrenable, un imperativo instintivo que llamamos curiosidad, cuyo aplacamiento o satisfacción será siempre parcial y provisorio. Nunca la totalidad o el absoluto inamovible.

Transitamos la huella hecha camino por innumerables seres humanos que no podían dejar de estar sorprendidos, tanto por los mundos que iban construyendo, como por su propia tarea. Una interrogación sin fin y la quimera de hallar la respuesta final que lo abarcara todo. Por eso siguen habiendo caminantes, ya que como dice el poeta, en realidad no hay camino, sino que se lo hace al andar. Por suerte es así en tanto que caminar es moverse y moverse es sinónimo de estar vivo.

Como los cronistas de viajes, algunos caminantes, a veces conmovidos por lo que va apareciendo, lo que van conociendo, sienten la necesidad de compartirlo y comunicarlo de diversas maneras. De ese modo han ido surgiendo desde el relato personal alrededor de una hoguera, hasta la escritura y las ilustraciones de todo tipo en los claustros y ahora su difusión masiva y veloz en los medios de comunicación. Todos tienen el común denominador del lenguaje en sentido amplio. En nuestro tiempo la charla alrededor del fuego ha sido reemplazada por los congresos, simposios, programas de TV, diarios, revistas y, en un salto tremendo, la transmisión electrónica de datos en tiempo real. Este salto, *prima facie* ventajoso, lleva en germen el error de suponer o creer firmemente que toda información es veraz, que más abundancia y velocidad son valores positivos en sí mismos y significan progreso. Dicho en otros términos, la equivocación consiste en no percibir que el aumento de datos no representa necesaria e invariablemente más y mejor conocimiento y comprensión. La aceleración lleva en su seno la desaceleración, efecto colateral indeseado y no previsto.

Leyendo un artículo del *New York Times* sobre la neuropolítica, tuve la abrumadora sensación de estar en una rampa ¿ascendente? ¿descendente? en la que gradualmente se va agregando el prefijo *neuro* a casi todo. Aparecen así la *neuro*filosofía, la *neuro*ética, la *neuro*estética, la *neuro*teología, la *neuro*arquitectura, el *neuro*marketing. Hay varios más y sospecho habrán muchos más por venir.

Este fenómeno proviene de ver y oír con frecuencia a personas provenientes de las más diversas actividades, refiriéndose a aspectos del funcionamiento cerebral como explicación causal de las conductas más diversas. Suelen hacerlo con convicción y una aparente erudición, no siempre sustentable en los hechos. Así les escuchamos atribuir a neuronas, circuitos, estructuras cerebrales y neurotransmisores, las preferencias políticas, sexuales, deportivas, al igual que nuestra manera correcta o incorrecta de razonar. La alusión al uso de partes del cerebro identificables o el procesamiento independiente en cada hemisferio son un bocadillo común. Otro pregonar frecuente es dar por sentado el potencial ilimitado del mismo, que posibilitarían la modificación beneficiosa bajo la guía del programa o el gurú de turno. La finalidad sería lograr una vida plena y feliz. Esta manera de pensar abarrota los escaparates de las librerías con la legión de libros de autoayuda. Contribuyen también con lo suyo los llamados libros de divulgación aunque por fortuna no todos ellos. No es lo mismo divulgación que vulgarización.

Brindar información que lleve a un mayor conocimiento es un fin loable y deseable, sin embargo, no siempre se logra cumplir con él, pues no toda observación, su relato y transmisión, son copia fiel del original. Como mínimo hay un copista que elige qué transmitir.

La divulgación científica es una tarea no siempre exitosa. Puede fallar por el método escogido o por las variantes de la presunta ignorancia encarnada en los destinatarios, e inclusive por las propias falencias de aquellos dedicados a la tarea, entre las cuales la carencia de un marco ético adecuado no es un detalle menor.

Hay una delgada y frágil línea que separa divulgar de adoctrinar, engañar o publicitar, la misma que separa información de propaganda. Sorprende cómo frecuentemente, casi impúdicamente, algún tipo de divulgación disimula ocultas intenciones bajo el viso de los "formadores de opinión". De ese modo, apelan a la libertad del receptor a quien asignan buen conocimiento y comprensión de la advertencia disimulada por ellos mismos bajo términos tales como "infomercial o espacio patrocinado", al mismo tiempo que lo obnubilan con enunciados prometedores plagados de certezas que muchas veces distan de ser confirmadas como tales. Pueden igualmente distorsionar la atención con el exceso de detalles e información irrelevante.

Es audible en algunos ámbitos el ruido de las vestiduras rasgadas negando o minimizando el poder de la palabra, tanto para informar como para desinformar, distraer o confundir. El periodismo en algunos casos es uno de ellos. Por un lado pregona el orgullo de ser el cuarto poder defensor de la libertad y al mismo tiempo, al ejercer dicho poder como formadores de opinión, ponen en entredicho el libre albedrío, facultad que aún merece ser estudiada cuidadosamente.

Las noticias falsas (*fake news*) son tomadas como una novedad reciente, cuando en realidad lo único que tienen de novedoso es la magnitud y rapidez de la difusión. Han existido siempre como engaño interesado, pues poseemos la capacidad de mentir de diversas maneras, incluso deliberadamente. Aquí se da una paradoja que vale resaltar: la divulgación apropiada va de la mano del esfuerzo por educar y producir saberes, que no es lo mismo que el simple trasvasamiento de información o conocimientos que suele salir a la luz como vulgarización.

La divulgación, si es tomada por intereses espurios, tergiversada, falseada, sobresaturada, retaceada o brindada sin atender a las posibilidades y/o capacidades del receptor, termina siendo lo contrario de lo buscado como propuesta éticamente responsable. Se convierte en una incorporación como reflejo condicionado. El meme o el trieme, son modelos de transmisión cultural que lo posibilitan, como señala Susan Blackmore.

La curiosidad que todos poseemos puede ser manipulada como el hambre en los perros de Pavlov, que terminan respondiendo a lo que en el fondo es un engaño: sonido en vez de comida.

Por diversas razones el mundo de las neurociencias va ocupando un lugar prominente tanto en las publicaciones científicas como en las destinadas a la divulgación y al resto de la prensa y los medios en general.

Surge así lo *neuro*, que por esa misma dinámica se va convirtiendo en una totalidad: *el neuroTodo*. Conversión a mi juicio desafortunada de un sustantivo en adjetivo. No es lo mismo por ejemplo decir "*neuromarketing*" que "probables, posibles o conocidas bases neurales del marketing". La adjetivación califica, adjudica, define, en tanto que el sustantivo describe, alude.

En este contexto lleno de incertidumbres e ignorancia aparece el *neuroTodo* como lo opuesto. Se sustantivan de ese modo entidades que se suponen clara y exclusivamente determinadas por el funcionamiento del sistema nervioso.

Epistemología, ontología, teleología son algunos de los desafíos que cual obstáculos obligan a ser cautelosos o dejar en suspenso la próxima aventura del pensamiento. A pesar de la crítica que personalmente me hiciera Mario Bunge, aún sigo pensando como Claude Bernard, que lo que se gana en profundidad se pierde en extensión. Sabemos cada vez más, y así aparecen nuevos mundos que explorar en un aparente camino infinito en línea con ese pensamiento.

Ubicado en este escenario como actor y espectador, me siento sorprendido, a veces indignado, por la certeza con que se difunde y vulgariza información sobre conocimientos de los cuales aún sus creadores, descubridores o inventores se expresan tímida y cautelosamente, o inclusive guardan silencio a la espera de datos más contundentes.

Cualquier conducta o creación humana se podrá denominar del mismo modo. No es casual que en nuestra sociedad actual globalizada, sea el misterioso y a veces indefinible mercado el que define las necesidades de conocimiento, interpretación y predicción, impulsando su búsqueda en el funcionamiento del sistema nervioso: *lo neuro*. De esa forma se presume existe una explicación única científica y veraz para cualquier quehacer humano incluyendo su propia naturaleza. Esto dista de ser cierto al menos por ahora. Precisamente el advertir esta situación ha sido el acicate para este ensayo.

Como suele suceder, son las últimas lecturas las que mantienen su vigencia y nos condicionan. Así, la obra de Von Uexkül y de Daniel C. Dennet, junto con algunas asociaciones a Darwin, Leonardo y Maquiavelo, motivaron mis reflexiones. Impacto particular tuvo un artículo de Adela Cortina, quien señala que Aristóteles consideraba al ser humano como un animal social y no simplemente gregario, dado que contaba con el *logos*. Con la palabra que nos hace sociales podemos deliberar conjuntamente: la palabra puesta en diálogo que tiene por meta la comunicación con el uso pragmático del lenguaje que debe cumplir con las cuatro pretensiones de validez:

1. Inteligilibilidad de lo que se dice.
2. Veracidad del hablante.
3. Verdad de lo afirmado.
4. Justicia de las normas.

Cortina señala que si se alteran no hay palabra comunicativa, ni auténtico diálogo, sino violencia por otros medios. Creo que en el uso exagerado de *lo neuro* algunas de las pretensiones de validez son violadas, lo que hace que mi personal sensibilidad las detecte y suenen señales de alarma. Alarma que Rafael Yuste, neurocientífico de la Universidad de Columbia (Estados Unidos), impulsor de la iniciativa Brain, hace explícita desde otra perspectiva en un artículo que lleva por título: "Por qué hay que prohibir que nos manipulen el cerebro antes de que sea posible". También Gina Rippon provocativamente habla de "neurobasura".

Estas lecturas junto con otras ya incorporadas como aprendizajes con sus orígenes vagamente recordados, sumadas a las charlas con maestros y amigos, hacen que, plasticidad mediante, me parezca interesante analizar este fenómeno del *neuroTodo*.

El multiverso, la física cuántica, la ingeniería reversa, son algunos ejemplos de mi ignorancia que no he podido disminuir haciendo uso exclusivo de mis conocimientos de las neurociencias. La filosofía con Baruch Spinoza, Friedrich Nietzche, Jacques Derrida y Gilles Deleuze ampliaron mi pensamiento crítico, en especial con la idea de Derrida acerca de "la danza del pensamiento en el campo del conocimiento y la propuesta de invertir los opuestos para reconocer que lo son desde la perspectiva del observador que trata de poner la suya en el centro dominante y llevar la opuesta a la periferia y excluirla".

Por ello, de esta experiencia como profesional y como observador de "lo que sucede", reconociendo que es mucho más lo que no sé, que aquello de lo que estoy seguro de conocer, saber, comprender y poder explicar, surgen estas páginas a modo de advertencia que espero alienten a los jóvenes a reconocer e intentar disminuir la suya en este camino de *serendipity*.

CAPÍTULO I

El descubrimiento del cerebro. Antecedentes

> *La ciencia y la imaginación no están reñidas, más bien se complementan como la llave y la cerradura.*
> Jorge Luis Borges

> *Somos al mismo tiempo cincel y escultura, conquistador y conquistado.*
> Erwin Schröedinger

> *No sabemos ni siquiera lo que puede un cuerpo. A falta de saber gastamos palabras.*
> Baruch Spinoza

Desde que el hombre existe como tal, algunos miembros de esta filogenia impulsados por una curiosidad incansable se han preguntado por el mundo que habitan, incluyéndose a ellos mismos. Aún hoy siguen haciéndolo. Inicialmente eran los viejos sabios de la tribu, devenidos luego filósofos por un lado, sacerdotes, brujos o chamanes por el otro, quienes formulaban las preguntas y proporcionaban las respuestas posibles en ese momento y cultura. Gradualmente fueron desplazados y en algunos casos reemplazados por los científicos, los cuales basados en la razón y en la aplicación rigurosa de su método, construyeron —y siguen haciéndolo— el paradigma vigente en nuestro tiempo. No estuvieron ni están exentos de caer en algunos de los errores criticados a sus antecesores. Esto sucede cuando se presenta un conocimiento determinado como si fuera acabado e incuestionable para ser aceptado acríticamente, o peor aún, en vez de adecuar sus teorías a la realidad verificable, proponen otras realidades para que se adecuen a sus teorías; la aparición de la idea de multiverso (universos múltiples) es un ejemplo. Convierten así al saber, sin advertirlo, en un acto de fe similar al que postulaban y aún postulan las religiones y el pensamiento mágico, pero que la ciencia propone superar con su método. Como en tantos vaivenes históricos, el posmodernismo, surgido de la filosofía, a su vez puso a ésta en tela de juicio durante un cierto tiempo. Quizás no pensar tanto en la esencia de las cosas y más en sus relaciones y tener en cuenta que filosofar no es sinónimo de pensar (Gilles Deleuze).

Retomando la historia a partir de los primeros filósofos que se interrogaban acerca del universo, de la validez de su conocimiento y de la manera de obtenerlo, van surgiendo con el tiempo miradas más acotadas que configuran las diversas ciencias.

La necesidad de tener certezas es el motor, que merced a la observación, construcción de hipótesis, verificación y formulación de teorías, van configurando la manera en que el conocimiento científico surge, avanza, y las certezas aparecen, algunas permanecen mucho tiempo y las consideramos absolutas, pero otras son transitorias, tal vez la mayoría, no por ello inútiles. Este derrotero del accionar humano es la investigación, que tal como dice Marcelino Cereijido, consiste en tomar una porción del caos de lo ignorado e intentar transformarlo en el orden de lo conocido. Los sabios hacen uso del aparato racional para conocer la realidad-de ahí-afuera y lo aprovechan para estudiar la realidad-del aquí-adentro. Cereijido se pregunta cómo lo hicieron. Pregunta que vemos reaparecer de mil formas distintas. Finalmente generaliza su razonamiento, cuando expresa que todos los seres vivos dependen de su habilidad para entender la realidad en que viven.

El propio método científico con su demanda de verificación, junto con el paso del tiempo, condiciona que las certezas que provee sean temporarias, aunque parezcan definitivas por la ausencia de refutaciones durante un determinado período. Su capacidad predictiva contribuye a la certidumbre, valor y utilidad. Con estos elementos se avanza ampliando los límites de lo conocido, como si fuéramos por un camino cuyo derrotero y pavimento deben ser construidos y modificados de tanto en tanto para poder acercarnos a la meta.

Dentro de las ciencias, la biología, que abarca todo lo viviente, alumbrará una de sus ramas de particular interés: la biología humana, base y fundamento de la medicina. Esta, a su vez, en un inevitable paso reduccionista, dará lugar al estudio y conocimiento de los componentes y organización del cuerpo humano, quedando entre paréntesis la mirada más abarcadora que considere al ser humano. Uno de esos componentes, en particular para nuestro interés, es el sistema nervioso, cuyas patologías en un comienzo eran constituyentes de la neuropsiquiatría. Primera especialización dedicada a ocuparse de los desvíos de algunas conductas, fundamentalmente aquellas que impedían un "ajuste" social y que globalmente llamaron enajenadas o alienadas. Junto con ellas se abordaban otras manifestaciones patológicas como las convulsiones y los déficits sensoriales, sensitivos y motores de diverso tipo, causa, evolución, pronóstico y tratamiento.

CAPÍTULO II

El descubrimiento

Los pensadores ilustrados identificaban sin conocerlas las condiciones de la naturaleza humana.
Steven Pinker

La identidad física de un individuo no consiste en la materia de la que está compuesto. La individualidad corporal es más la de una llama que la de una piedra, es una forma más que una sustancia.
Norbert Wiener

He dado en llamar el **primer neuro** a la aparición del conocimiento de una relación entre el sistema nervioso y ciertas manifestaciones observables en las conductas de los seres humanos, particularmente aquellas que los caracterizan como tales.

Este primer neuro tiene una larga historia precedente, una especie de protoneuro que he dado en llamar "el descubrimiento del cerebro".

En un comienzo se intuía vagamente que en la cabeza residía el ente responsable de todas las conductas, no así de los sentimientos o estados de ánimo, que se vinculaban con el corazón o los humores: la sangre, la bilis y la flema. La vinculación de esa tarea responsable de las conductas al resto del cuerpo ejecutor, se consideraba a cargo de algún tipo de fluido. Esto era avalado por la observación del líquido cefalorraquídeo y por la más obvia observación de efectos "a distancia" del agua que fluía por ríos y acequias o del viento que impulsaba los veleros o las aspas de los molinos.

Acorde con lo observado a simple vista por los anatomistas en su primer nivel de acercamiento al cuerpo humano, se suponía que los nervios eran conductos por los que circularía algún fluido especial, semejante a los vasos sanguíneos; hoy diríamos red, cableado. De ese modo al distribuirse por todas partes podrían ejercer su influencia en todo el organismo. Inicialmente esta concepción era suficiente para explicar la motricidad, ya que era coherente con la idea de la cabeza como punto de origen de las "órdenes" y la subsecuente parálisis de las extremidades cuando una herida seccionaba los nervios. Sujetos con heridas de diverso tipo fueron terreno fértil para esta interpretación centrífuga. Con el tiempo se verá que las observaciones pueden ser correctas, pero no así las interpretaciones, riesgo de las inferencias y deducciones.

El camino inverso, centrípeto, llevó más tiempo para ser considerado, sumado a que era realmente difícil atribuir un déficit sin una "herida" visible.

También se postulaba que la cabeza era la sede del espíritu, alma o esencia humana, intangible, proveniente de alguna divinidad y alojada allí, en ese órgano llamado cerebro. Éste sería el lugar desde donde y a través del cual se manifestaba, pero no se lo reconocía como su generador. A pesar del tiempo transcurrido, la discusión sobre la génesis de lo mental aún subsiste y se expresa de forma variable como el problema mente-materia, en cuya solución se involucran por igual filósofos, biólogos y religiosos. En el fondo la explicación para algo tan complejo como lo mental, lo psíquico, sigue necesitando poder dar cuenta de ese movimiento recíproco cabeza-periferia, dentro-fuera, objetivo-subjetivo, que he mencionado como centrífugo-centrípeto. Las denominaciones cerebro y sistema nervioso añaden precisión y riqueza, pero me anticipo a señalar que de por sí no resuelven definitivamente el problema, ya que cabeza-periferia incluye interno-externo y, de un modo más profundo, yo-mundo.

Es interesante ver cómo lo conocido en una época influencia y a veces determina la investigación, las futuras hipótesis y la interpretación de lo observado. Como el espíritu era intangible, se lo equiparaba con algo que fluye, que puede actuar a distancia, pero que es invisible; los elegidos eran el aire o pneuma y el flogisto. Así fueron propuestos a pesar que este último jamás pudo ser claramente definido o probada su existencia.

Partiendo de la idea de que vida y espíritu llegaban y se vinculaban con el cuerpo a partir de la primera bocanada de aire inhalado, su pérdida al morir se daba con la última exhalación. Algunas expresiones aún persistentes como soplo vital, el último suspiro, re-animar, dar-ánimo, insuflar el espíritu, dan testimonio de ese imaginario de lo intangible. En Egipto aún pueden verse algunos monumentos con figuras humanas con las narices rotas; en algunos casos fueron intencionalmente destruidas para evitar el reingreso del espíritu y así impedir la reencarnación. En tiempos modernos se ha llegado a colocar moribundos en balanzas muy sensibles para medir la diferencia de peso cuando respiraban por última vez y eran abandonados por su alma; una manera de constatar el peso del alma y de ese modo demostrar su materialidad. De más está decir que no se arribó a ninguna conclusión valedera.

Fueron y son actos de fe vinculados con el animismo y el pensamiento religioso. El desarrollo de la ciencia con su método los puso en entredicho por indemostrables. Se inicia de ese modo una larga y sorda lucha que se mantiene hasta nuestro tiempo.

La palabra cerebro aparece por primera vez en Egipto y se refiere a aquello que ocupa la cabeza. En realidad los embalsamadores aspiraban el contenido craneano a través de la nariz, por lo que su concepción no podía ir mucho más allá. El conocimiento y estudio del cerebro siempre se vio dificultado por diversas causas. En primer lugar por las reglas y costumbres para el tratamiento de los cuerpos luego de la muerte, como por ejemplo la prohibición del estudio de los cadáveres, por considerarlo una profanación de lo Divino, un acto de soberbia por pretender desentrañar el secreto de la creación y así asemejarse al Dios creador, e imitarlo. Vale resaltar que esto estaba dirigido al intento de conocer e investigar el cuerpo, pero no a tratamientos de otro tipo como su preservación o el retorno a la naturaleza en formas variables como la inhumación o la sepultura. Con el paso del tiempo, en algunos lugares se permitió observar el cerebro de los decapitados, en otros los artistas plásticos o estudiantes de medicina podían tener acceso a cadáveres para su estudio, los que a veces obtenían subrepticiamente. El otro gran inconveniente era la friabilidad y su rápida descomposición, que impedían tener una visión acabada de su morfología y en especial de su estructura interior. El acceso cada vez menos restrictivo a las autopsias llevó a perfeccionar la técnica de extracción y conservación a punto tal que, muchos años más tarde, se pudieron hacer atlas de enorme precisión.

La aparición del microscopio, la preservación y el procesamiento del tejido cerebral con las técnicas de tinción, posibilitaron por su parte el estudio en detalle de su estructura.

La asociación entre déficits y lesiones verificadas *post mortem* con estos avances, permitió conjeturar sus relaciones. Tiempo después, con otros métodos más avanzados serán confirmadas, ampliadas, modificadas y en algunos casos descartadas por erróneas. Surge así el método anátomo-clínico, estándar dorado por varios siglos. Nuevo ejemplo de observaciones correctas pero con fallas o debilidades en las interpretaciones, las que afortunadamente no fueron tantas y que el propio método científico se ocupó de corregirlas extendiendo su validez a la luz de nuevos conocimientos y tecnologías.

Las asociaciones más fáciles y evidentes eran las sensoriales, las sensitivas y las motoras. Las conductas más complejas escapaban al comienzo al conocimiento causal, tanto normal como patológico. Por otro lado, el principio científico de causalidad, con la posibilidad predictiva de esperar iguales efectos frente a iguales causas demostrables, llevaron a que en el caso del descubrimiento de algunos agentes como las infecciones específicas (tuberculosis, sífilis, encefalitis, meningitis) junto a los traumatismos, algunas conductas vinculadas con lo mental pudieran ser asociadas con el cerebro en tanto ese factor causal conocido estuviera allí presente. Ejemplo serían la parálisis general progresiva (sífilis), algunas intoxicaciones como la locura por manganeso, el saturnismo debido a la intoxicación por plomo, las secuelas de meningitis, encefalitis, lesiones vasculares diversas, y la siempre abundante provisión de traumatismos. Estos últimos pusieron en evidencia, por ejemplo, el efecto sobre el lenguaje de un golpe en el lado izquierdo del cráneo, incluyendo las alteraciones de conciencia que lo podían acompañar. En algunas culturas las trepanaciones hicieron su aporte que quedó olvidado por su poca difusión al considerárselas "primitivas". Este procedimiento era utilizado tanto con fines diagnósticos como terapéuticos. Solían ser indicadas para aventar los "malos espíritus", supuestos causantes de locura, depresión, convulsiones e, inclusive, lo que luego se denominó histeria. También para aliviar cefaleas o drenar hematomas. Si bien con diferentes recaudos y una precisión incomparable, la trepanación sigue siendo todavía el procedimiento utilizado para acceder al contenido intracraneano con propósitos similares aunque con distintas justificaciones fisiopatológicas.

Una inferencia surgida como consecuencia de la observación sistemática del cerebro *post mortem*, fue la vinculación creciente de alteraciones estructurales y conductas anómalas, aunque en muchos casos la causa no pudiera ser demostrada en ese momento. Se la dejaba como materia pendiente de futuras investigaciones. En todos estos casos hay un común denominador y es que lo observable conductualmente es siempre una alteración deficitaria. Solo la epilepsia y el fenómeno convulsivo en general serán reconocidos más tarde como la revelación visible de una función cerebral exagerada, descontrolada: las epilepsias focales o parciales y entre ellas un grupo muy particular por sus manifestaciones que dieron en llamarse crisis parciales complejas.

Debido a los viejos métodos de estudio clínico o *post mortem* precarios o muy invasivos y riesgosos, el conocimiento del cerebro por fuerza tenía que ser muy limitado. Por ello creo se produce un cisma en la neuropsiquiatría. Los neurólogos siguen aferrados al paradigma médico-biológico y los psiquiatras quedan un tanto descolocados al tratar pacientes con conductas perturbadas para las que no se veía causa aparente y que los neurólogos desestimaban por iguales razones, siendo más atraídos por el **nuevo cerebro** que va apareciendo y sus patologías demostrables.

Para seguir cada cual su camino, los neurólogos aprovecharon las "novedades" disponibles en la ciencia. El microscopio, el manejo de la electricidad, el conocimiento biológico de su producción y conducción en el sistema nervioso y los músculos, y el perfeccionamiento de la anatomía patológica por la mejor preservación del cerebro obtenido en las autopsias.

Los psiquiatras, sin dejar de mirar al cerebro, que en la mayoría de los casos no revelaba sus secretos, buscaron ayuda en las humanidades. De ese modo van dando valor causal a lo sociocultural, lo histórico y lo subjetivo, cuya importancia es desarrollada y puesta en primera línea por el psicoanálisis algún tiempo después; hablamos del siglo XIX.

Más tarde aparecen los grandes avances científicos, se crean y abandonan "*modelos*", palabra que deseo remarcar. *Hay modelos cuando hay hipótesis y no certezas*, o cuando estas son parciales.

Por esa época Paul Broca y Karl Wernicke se destacan por demostrar la relación del cerebro con la génesis de una función tan compleja como el lenguaje. La observación de su alteración luego de lesiones demostrables anatomopatológicamente, les permite establecer una posible "localización" de diferentes aspectos del mismo en áreas separadas de la corteza. Crean una topografía superpuesta a la anatomía macroscópica y descriptiva. Fue un enorme avance cuya utilidad clínica perdura, aunque flexibilizado por el mejor conocimiento de los diversos componentes del lenguaje. A esta corriente se la llamó **localizacionismo**. Sobre ella se construirá después el **asociacionismo** o **conexionismo**, al tener en cuenta que el procesamiento cerebral no se cerraba en un solo lugar o estructura ya que existían conexiones demostrables entre ellas, en consecuencia, en algunos casos las manifestaciones patológicas dependían tanto o más de la perturbación de las conexiones que de las zonas consideradas nucleares. Finalmente, la moderna concepción del procesamiento en **redes distribuidas** realiza una síntesis de ambas posturas y posibilita conocer y comprender el procesamiento de conductas muy complejas que en la práctica clínica da sustento al cognitivismo.

Un tiempo antes que Broca y Wernicke, Franz Joseph Gall, analizando cráneos de delincuentes fallecidos, nota diferencias en su forma y tamaño, advirtiendo la impronta que deja el cerebro en la cara interna de los huesos que lo forman. Basándose en ello, compara las mediciones exteriores tomadas en algunos sujetos normales con las de los delincuentes decapitados, y establece valores para diferenciarlos. A partir de allí da un paso muy osado aunque razonable al postular que la forma y tamaño del cráneo reflejan la forma y tamaño del cerebro, llevan su impronta. Por otro lado, deduce que las diferencias de tamaño de dicha impronta corresponderían al mayor o menor desarrollo de las zonas cerebrales subyacentes, responsables de las conductas observadas, fueran ellas normales o criminales. De este modo vincula no solo al cerebro con las conductas, sino que también apunta a localizar dichas conductas con zonas de diferente desarrollo. Crea así un mapa un tanto caprichoso y bastante inexacto de las funciones complejas localizables por su punto de partida en los cráneos de sujetos sancionados por la ley. Demarca por ejemplo zonas de la honestidad, la laboriosidad y otras de los vicios y la criminalidad. Surge la **frenología**, que caerá en el descrédito no solo por su imprecisión, sino por el uso acrítico y exagerado que hicieron algunos de sus seguidores. ¿Precursores del *neuroTodo*? En algunos lugares los padres de hijas casaderas obligaban a los pretendientes a someterse a la medición frenológica antes de concederles la mano de las doncellas. Consideraban así tener el resguardo de la evaluación científica y certificación de las inclinaciones apropiadas de honestidad, contracción al trabajo, apego a la familia y la ausencia de tendencias a la holgazanería, promiscuidad o violencia. Tiempo después esta costumbre fue reemplazada por el informe de "padrinos" a modo de garantes de las cualidades ya no solo de los pretendientes sino también de las damas. Más tarde y en otras culturas aparecen con fines similares los test, las entrevistas psicológicas, y una gama variable, mutante y siempre creciente de propuestas, a veces esotéricas, no solo para la conformación de parejas sino también para la orientación vocacional, aceptación laboral o la elección de un plan de vida.

Todo se transforma pero el pensamiento acrítico persiste hasta que el tiempo revela las falacias e inconsistencias. Veremos más adelante que los nuevos conocimientos y tecnologías tienen los mismos riesgos y a veces recaen en los mismos errores, por lo que deben enfrentar las críticas de crear una **nueva frenología**.

Broca, Wernicke y Gall son considerados los fundadores de la neuropsicología, entendida como una rama de la ciencia dedicada a estudiar la relación del cerebro con las conductas humanas.

Santiago Ramón y Cajal, tiempo después, hace un aporte fundamental merced al uso de su técnica especial de microscopía y su talento para interpretar esos hallazgos. Fue ni más ni menos que la visualización de las neuronas como unidades celulares poseedoras de extensiones de dos tipos con las que se contactan. Las caracteriza como unidades discretas y polarizadas, vinculadas en un entramado, que remarca y da significado al hablar de la *arquitectura* de la corteza cerebral y de los conglomerados conocidos como núcleos o ganglios. Asombrado por lo que ve, sospecha un sentido para tal arreglo; éste sería el sustrato de las funciones más elevadas y complejas del cerebro y de alguna manera señala esos contactos como conexiones que posibilitarían el pasaje de los estímulos, hoy diríamos información. Lo pone en términos muy hispánicos: "Para conocer la mente debemos levantar la tapa de los sesos". Se abría un nuevo mundo.

El conocimiento de la electricidad, su producción, manipulación y medición, complementa los grandes desarrollos de la anatomía al proveer una base funcional para la misma. Primero se observan los nervios como cables que pueden conducir la electricidad a los músculos y provocar su contracción. Los famosos experimentos de las patas de rana que se contraían al recibir una descarga eléctrica estuvieron en su origen. Luego y con más refinamientos técnicos se advierte que lo que circula entre las neuronas son impulsos eléctricos generados por ellas mismas. El estudio de los órganos sensoriales lleva a detectar que existen estructuras especializadas capaces de ser activadas por formas particulares de energía que luego es transformada en impulsos nerviosos eléctricos que así pasan a circular configurando redes, ya no solo siguiendo la arquitectura descripta por Cajal sino otras, funcionales, superponibles, pero no limitadas por ella. Un enorme paso adelante. Tenemos entonces un esbozo de varios planos o *anatomías*: la macroscópica descriptiva, la microscópica, la fisiológica, todas integradas y superponibles. Se agregarán luego la bioquímica, la farmacológica y la funcional.

Por otro lado, cercano en la historia, aparece Darwin, quien remarca la animalidad del hombre y prescinde del creacionismo. **Primera gran herida narcisista**: no hay creador ni creación. Todo evoluciona y el azar tiene algo que ver en ello proporcionando aleatoriamente posibilidades favorables o desfavorables.

Otro hito fundamental, a mi juicio, es Sigmund Freud, médico neuropsiquiatra que conoce la obra de Darwin y Cajal, cercanos en el tiempo y los hallazgos de Broca, Wernike y Gall. Se interesa por el lenguaje y utiliza el término agnosia por primera vez para dar cuenta de una de sus alteraciones. Su uso se extendería después a otras alteraciones similares. Lugar y época ricos en incentivos culturales, intelectuales y científicos. Alterna entre el laboratorio y la clínica, interesándose por los pacientes con conductas anómalas, algunas consideradas bizarras y muy llamativas. Son parecidas a los padecimientos neurológicos de curso deficitario progresivo e irreversible, que sin embargo en esos casos, revertían a la normalidad sin déficit alguno. La causa no era aparente. Se pregunta y busca entonces en ese mundo interior, el de la mente, que en general era dejado de lado por considerárselo inasible para las ciencias, pero cuyos desarreglos le parecían evidentes en la observación clínica. Sospecha una conexión entre lo subjetivo, inconsciente y el cerebro. La histeria y su resolución, que observa con Charcot y Breuer, le dan algunas pistas viendo y escrutando cuidadosamente la aparición y resolución sin secuelas de parálisis, cegueras y alteraciones de conciencia que no mostraban una causa orgánica. Podían revertirse *ad integrum* mediante la hipnosis. Todo necesariamente debía ser referido a ese mismo órgano, aunque no era claro cómo. Va más lejos, cuestiona el valor de lo consciente como rector de nuestras conductas, produciendo de ese modo la considerada **segunda herida narcisista**. Lo hace cuando dice "el hombre no es amo en su casa" y pone al inconsciente como rector de nuestras conductas, sino todas, al menos muchas de ellas. Su otro aporte importante fue el uso terapéutico de la palabra. Aceptando que es generada en el cerebro y manifestación privilegiada de lo mental, la utiliza como vehículo para inducir por ese medio cambios en la mente y la conducta de los pacientes, dando sustento a lo que globalmente pasó a llamarse psicoterapia. Esta postura además provee un argumento importante en las discusiones filosóficas y de todo tipo referidas al problema mente-materia. Si el cerebro da origen a lo mental, a su exteriorización en la palabra, el camino inverso, es decir de la palabra a lo mental, al interior, al cerebro, con capacidad para modificarlo, es posible, debe ser real y eventualmente demostrable. El camino centrípeto mente-materia. Realiza un intento teórico para justificar, explicar, la base de su herramienta terapéutica en su famosa psicología para neurólogos, conocida como "El Proyecto" que deja inconcluso y es publicado en 1953, mucho después de su muerte en 1939. Es notable, valioso y reconfortante que los avances de las neurociencias reivindican muchas de sus observaciones, antaño y aún hoy cuestionadas y resistidas. Su relectura ha sido tomada por otros autores como una necesaria nueva visita, un tanto postergada por dos posturas extremas y antagónicas: la **psicofobia** y la **neurofobia**. Las neuroimágenes funcionales vinieron en su ayuda y comienzan a darle la razón, mostrando modificaciones cerebrales estructurales inducidas por la palabra de otro sujeto.

No obstante subsisten grandes interrogantes sobre lo mental, la memoria, la conciencia, el lenguaje, y las conductas humanas en general, que acumulan más hipótesis y preguntas que respuestas o certezas definitivas.

Llegamos de este modo a una encrucijada, quizás una convergencia, en la que desde las humanidades se mira a la ciencia en busca de respuestas y viceversa, desde las ciencias se busca la manera de articular la biología de las neurociencias con las humanidades, en particular con la filosofía. El cerebro centra el reiterado y famoso problema mente-materia y ligado con él la otra gran pregunta sobre el origen de su determinación y funcionamiento dependientes de la naturaleza o de la cultura. Es tarea de los científicos demostrar y explicar y de los filósofos elaborar y formalizar. Son tareas complementarias, a veces suplementarias, pero finalmente convergentes. En el mundo actual aparece el término **consiliencia** para englobarla.

Ya he señalado a ese grupo de profesionales que desde la medicina miraban a los seres humanos, sus conductas simples o complejas, descarriadas o no y que se identificaban como neuropsiquiatras y luego su separación en neurólogos o psiquiatras. A pesar de todo el progreso señalado o quizás por causa de él, la separación persiste largo tiempo: por un lado, la neurología dedicada a todas aquellas manifestaciones clínicas con un sustrato biológico demostrable y verificable científicamente; por el otro, la psiquiatría, para la que el sustrato biológico parecía y aún parece más elusivo. Por ello los profesionales de esta disciplina pusieron entre paréntesis el cerebro considerado como imposible de estudiar en profundidad. Lo consideraban la "caja negra" cuyo interior y funcionamiento eran invisibles. Los psicólogos, por su propia formación muy apegada a las humanidades, se asociaron a esta postura identificada a partir de Watson como conductismo, apoyada por los experimentos de Skinner. Conociendo lo que entra y lo que sale de esa "caja negra", se pueden establecer correlaciones que adquieren validez cuando variando experimentalmente la entrada producimos variaciones correlacionables en las salidas. Planteo útil experimentalmente pero inútil ante la aleatoriedad de las entradas y de las salidas en un ser humano viviendo su propia vida. El planteo de la casita china muestra la falacia de extrapolar lo observado con lo que realmente sucede en la "caja negra". Podemos estar frente a un *como si* y no frente a la realidad.

Algunos psiquiatras siguieron otro camino, en especial los dedicados a atender y estudiar pacientes con patologías graves, evolutivas, con déficit progresivo, que permanecían largos años institucionalizados. Ellos tuvieron acceso al estudio de sus cerebros *post mortem*. De ese modo fueron ganando conocimiento de las anomalías cerebrales y cuidadosamente iniciaron el señalamiento de algunas alteraciones anatomopatológicas consideradas responsables del padecimiento de estos desafortunados sujetos. Una combinación privilegiada de una escuela de histólogos, neuropatólogos y grandes clínicos compartiendo saberes y experiencias, posibilitó un importante desarrollo en ese sentido en nuestro país. Pío del Río Ortega, Diego Outes y Juan Carlos Goldar, entre otros, dejaron su impronta y aportes para reflexionar. Trabajaron en los dos grandes hospitales psiquiátricos de la ciudad de Buenos Aires, el Braulio Moyano y el José Tiburcio Borda.

Ese era el panorama a fines del siglo XIX y el siglo XX. Cambiante pero a un ritmo que hoy parece lento. Era el que viví en mi infancia, pues siempre había un loco, un epiléptico o un "tonto" en el barrio, a los que observábamos y con quienes convivíamos. No muy diferente al que accediera más tarde como estudiante de medicina en la década de los años sesenta y aún cuando estudiante de psicología en los setenta. Un cambio notable se produce promediando el siglo XX, en que comienza hablarse de neuropsicología, el humanismo es tenido en cuenta y, como en un movimiento de reflujo, neurólogos y psiquiatras van convergiendo nuevamente en una renovada **neuropsiquiatría** bajo el creciente paraguas de las neurociencias que los contiene a todos. Es una tarea inconclusa.

CAPÍTULO III

El re-descubrimiento

A principios del tercer milenio el cerebro humano sigue siendo un órgano oculto que se resiste a rendir sus secretos.
Roger Bartra.

La Ilusión Vital, el muro de vidrio de verdad e ilusión.
Friedrich Nietzche

El sistema nervioso es estudiado según la lente particular con que se observan sus manifestaciones normales o patológicas. A su vez complican más su abordaje los observadores, que eligen las lentes e interpretan las observaciones.

La ciencia y la tecnología forman un circuito de alimentación recíproca que va posibilitando cruzar los límites del **mesomundo** al que nos obliga nuestra capacidad sensorial originaria. Si nada hay en la mente que no haya pasado antes por los sentidos, nada podríamos conocer o pensar diferente de lo que esa puerta de entrada nos permita.

El primer gran paso

No obstante y para ponerlo en duda, encontré una frase, que como en el juego de la farolera, "abría la puerta para ir a jugar" pasando a otros niveles de conocimiento que nos lleven a nuevos mundos: *"El hombre tiene la capacidad única de hablar sobre cosas que no existen"*, así piensa, imagina y crea. De ese modo, jugando y experimentando, ha ido descubriendo o creando prótesis que multiplican exponencialmente su capacidad sensorial, permitiéndole adentrarse en esos nuevos mundos por explorar. En realidad es el mismo mundo pero mirado con distintos anteojos. He aludido a esto anteriormente al mencionar las múltiples anatomías cerebrales surgidas de los "anteojos prostéticos" que llevaron y siguen llevando a pensar y construir nuevos modelos que den cuenta de su relación con las conductas humanas. Citaré algunos ejemplos de prótesis: para la visión los anteojos, la lupa, el microscopio, el microscopio electrónico, el microscopio de barrido y en la otra dirección el largavista, los binoculares, las lentes sensibles al infrarrojo, el telescopio óptico y toda una gama de antenas que permiten detectar señales de radio y ecos con las cuales producir imágenes de objetos más allá de nuestra galaxia. El transportar "el observatorio" en naves espaciales aumenta aún más las distancias y el detalle. De este modo hacemos posible "ver", pensar y manipular física y mentalmente objetos medibles desde años luz a nanómeros y tiempos desde eras hasta nanosegundos. Estos objetos previamente invisibles eran dados por inexistentes, imaginables solo por pensadores o autores de ciencia ficción. Material para la especulación sobre la existencia de universos múltiples que aún no vemos, pero que irán apareciendo según la escala y posibilidad de observación. Sería el caso del **multiverso**, universos separados con un origen y vínculos no explicitados. Una variante diferente del universo único en el que nos desenvolvemos, visto a diferentes niveles.

Interesante tema de controversias y terreno para el debate filosófico-científico a partir de las dudas referidas al posible origen, existencia, esencia, materialidad, semejanzas y diferencias con el mundo conocido y tantas otras como un ser humano pueda plantearse.

El conocimiento y la manipulación de las crecientes observaciones que llamamos **datos**, demanda un tratamiento que lo haga posible dada su cantidad, variedad, tiempos de adquisición y procesamiento. El hombre crea entonces una nueva prótesis, la digitalización informática y el ordenador. Le permiten procesar una cantidad enorme de datos en forma rápida y precisa, con la ventaja de que además son archivados y puestos a nuestra disposición en forma instantánea. Los ordenadores o computadoras son trabajadores infatigables, capaces de hacer infinidad de veces una tarea generalmente monótona, en forma precisa y cada vez más autónoma, siguiendo un programa preestablecido. De esta forma, por ejemplo, pudieron desarrollarse las neuroimágenes para explorar el cerebro en acción y analizar el "diálogo" entre las diversas neuronas de una red, los radiotelescopios para explorar el cielo estrellado, el cosmos y la biología molecular para descifrar el genoma humano. Eran tareas imposibles hace casi un siglo, muchas fueron logradas en las últimas décadas.

La **inteligencia artificial** es otra prótesis que posibilita algunos aprendizajes, toma de decisiones y tareas que pueden ser monótonas, repetitivas, riesgosas, que requieren gran precisión y que ejecutadas por humanos consumen tiempo y energía que podría dedicarse a otros menesteres, quizás más valiosos. Lo notable y maravilloso es que todo esto es producto de cerebros humanos, indagando e imitándose a sí mismos en una espiral ascendente de destino y límites inciertos. La aparición del *"big data"*, "la nube" y sus usos dan prueba de ello.

Estos y muchos otros avances en el conocimiento han hecho cierta la expresión "crear mundos", al costo de traer aparejadas nuevas preguntas acordes. Partimos de certezas que nos permiten cambiar de nivel y traspasar límites, pero al precio de aceptar y tener nuevas incertidumbres, tal como señalaba Claude Bernard y criticaba Mario Bunge. La metáfora es la de cruzar un mar, río o cualquier otro límite y adentrarse en un territorio desconocido en el que la supervivencia puede traer aparejados cambios significativos por los cuales ya nada será lo mismo que antes. Cuando esos cambios resulten apropiados, se transformarán en nuevas certidumbres. Cristobal Colón y Neil Amstrong guardan un extraño parentesco junto a muchos científicos al "descubrir" y así conocer cosas, objetos. No obstante, surge la posibilidad, quizás la necesidad, de tener que considerar ahora, en nuestro tiempo virtual, la paradoja irónica de preguntarnos por el proceso inverso de la cosa descubriéndonos y aceptar así un proceso reversible de ida y vuelta donde el sujeto no es dominante del objeto.

También, como expresa Jean Baudrillard a modo de metáfora: en el núcleo de cada ser humano y de cada cosa hay un secreto fundamental inaccesible, coincidiendo con la ilusión vital nietzscheana.

El segundo gran paso

Este punto al que hemos llegado, aporta las razones por las que plantear entonces el segundo descubrimiento del cerebro o su redescubrimiento.

El orden introductorio seguido para analizar el fenómeno del *neuro-Todo*, partiendo desde lo biológico, dividiéndolo en dos etapas, del "descubrimiento del cerebro" y su posterior "redescubrimiento", es intencional y su número queda limitado arbitrariamente por la brevedad de este ensayo. En realidad se podrían considerar tantos descubrimientos y etapas, como aportes tecnológicos y científicos significaron cambios vertiginosos y sustanciales en nuestro conocimiento de ese órgano y del sistema nervioso en su conjunto. Apareado con él, también del hombre en su totalidad, incluyendo la génesis a veces tangible, en otras enigmática, de sus conductas.

El "redescubrimiento" nos pone entonces frente a un "nuevo cerebro" antes intuido, sospechado, imaginado, a veces fantaseado, comenzando por los cambios en la anatomía.

La anatomía morfológica, estática basada en reparos anatómicos y con denominaciones descriptivas por sus semejanzas tales como hemisferios, núcleos, corteza, lóbulos, sustancia gris, sustancia blanca, fascículos, fibras y otros tantos, es enriquecida ahora por las neuroimágenes estáticas que con gran precisión señalan esas estructuras ya conocidas con el agregado de detalles hasta llegar a identificar individualmente neuronas y sus conexiones. El gran cambio es que ahora se puede hacer todo esto rápidamente, en la totalidad del órgano de un ser humano vivo y sin riesgos para él.

Mejores y nuevas observaciones nos muestran ahora al cerebelo como otro cerebro con funciones que van mucho más allá del ajuste de algunos movimientos. Aportan también el conocimiento de la existencia de una extensa red neuronal en el aparato digestivo en interacción con la flora intestinal y los alimentos llamada la microbiota. Se comienzan a conocer las vinculaciones entre esa superficie de contacto con lo exterior, como es el tubo digestivo y su contenido, con el resto del sistema nervioso incluyendo el cerebro. Asombran ciertos experimentos que demuestran variantes de conducta y hasta de personalidad según el funcionamiento de esta nueva red. Aparece una subespecialidad y un nuevo "neuro", la **neurogastroenterología**.

Es tal el cambio del punto de vista así producido, que de un cerebro original y único, ahora, al menos desde el punto de vista cuantitativo por el número de neuronas, debemos considerarlo como mínimo en paridad con el cerebelo y con el tubo digestivo. Tal es así que ahora algunos autores llaman a este último el "segundo cerebro" y a su vez el cerebelo, cuyo nombre significaba pequeño cerebro, quizás no se ajuste bien a la realidad. El asombro puede caer, a veces, en la exageración. Tanto el cerebelo como la red digestiva remiten finalmente al cerebro, con quien y merced al cual integran sus funciones.

Por otro lado ya no solo son cuantificables el número de neuronas (100.000 millones) y sus conexiones de hasta 10.000 por cada una, sino que se incrementó exponencialmente la identificación de tipos celulares, por su morfología, estructura y funciones a nivel molecular. Se visualiza su mundo interior en funcionamiento, por ejemplo la producción, transporte, acumulación, liberación y recaptura de un número creciente de neurotransmisores. La estructura de las membranas, túbulos y las condiciones de permeabilidad y transporte activo son ahora conocidos con gran detalle, llegando al punto de poder individualizar neuronas *in vivo* y analizar su tarea y participación en una red. El conocimiento y manipulación de células madre ha permitido conocer la manera en que aparecen los diferentes linajes, cómo migran hasta dirigirse a un lugar preciso donde se ubican, vinculan y pasan a ser partes de una red. Las células de la glía originalmente consideradas como soporte similar al tejido conectivo, han adquirido un nuevo estatus vinculado a su participación en el funcionamiento neuronal, sano y enfermo y a la propia configuración de las redes. Ya no son más células de segunda clase frente a las neuronas estrellas.

La bioquímica y su derivación en la biología molecular, han permitido conocer la síntesis y degradación de numerosos compuestos, en muchos casos patógenos, en otros, clave para explicar el funcionamiento de algunos circuitos; y las complejas conductas aparentes.

Conocer significa a su vez poder manipular con las implicancias que acarrea, no siempre beneficiosas. Los fármacos, las modificaciones genéticas con fines terapéuticos configuran el lado positivo de la balanza. Los tóxicos, la generación de adicciones y la selección de embriones fecundados *in vitro* con características arbitrariamente predeterminadas están en el otro platillo, el de los riesgos. Depende de la ética la dirección del fiel de esta balanza metafórica pero no por ello irreal.

El vínculo anteriormente elusivo entre el medio interno transportando hormonas, neuromoduladores, nutrientes, iones, agua y desechos junto con el sistema inmunológico, han podido ser integrados entre sí y ambos a su vez con el sistema nervioso. Un todo maravillosamente articulado en la homeostasis que nos preserva y mantiene vivos y en armonía con nosotros mismos y con el medio que nos rodea.

El sistema inmunológico, tal como lo conocemos hoy, puede ser considerado un sentido extra, capaz de identificar y diferenciar propio de ajeno, en especial si es portador de riesgo. Parece funcionar como un nuevo aspecto constituyente de la identidad, del yo. Aparece entonces otro nuevo "neuro": la **neuro-psico-inmuno-endocrinología**, maravillosa integración del ser humano como un todo.

Por otra parte, las neuroimágenes funcionales permiten analizar circuitos y neuronas activos durante la realización de tareas representativas de funciones tan complejas como mirar imágenes, leer, hablar, moverse, pensar, imaginar movimientos, objetos, sensaciones y sentimientos. Esto se da en un tiempo muy cercano al tiempo real y con posibilidades de detección de neuronas individualizables. Parece la realización de esa fantasía de la demostración de una neurona para cada tarea, en cada momento. En realidad no es así, pero se acerca bastante, lo que lleva a algunos optimistas a ilusionarse con que podremos leer la mente, si no ahora, en un futuro no muy lejano.

Por su inocuidad permiten además el cotejo entre el funcionamiento normal y el patológico y, de ese modo, dar más precisión tanto a las alteraciones como al conocimiento de la normalidad, dentro de la cual pueden evidenciarse diferencias que den sustento a esa idea de ser semejantes pero no idénticos.

La electrofisiología evolucionó desde el registro electroencefalográfico por un tiempo limitado y restringido a pocos canales en la superficie del cráneo, al registro en un número creciente de canales, incluyendo la posibilidad de hacerlo directamente en la superficie del cerebro, en su profundidad y en células aisladas merced a microelectrodos colocados con precisión en estructuras profundas. La digitalización posibilita el análisis computacional de trazados complejos con presencia de diferentes frecuencias, ritmos, amplitudes y eventos aislados o aleatorios. Merced a ella, aprovechada por las nuevas tecnologías, eventos provocados deliberadamente o surgidos en el transcurso de la actividad espontánea del sujeto, como por ejemplo dormir, soñar, pensar, pueden ser registrados en forma repetida o a lo largo de tiempos prolongados como son las grabaciones Holter. Un aporte muy importante ha sido poder establecer el correlato funcional entre patrones electroencefalográficos y ciertas conductas normales o patológicas, cosa que suele hacerse en las unidades de monitoreo en pacientes que realizan libremente sus actividades. Cuando aparece una alteración, comienza automáticamente el registro simultáneo del video y el electroencefalograma. De ese modo se evidencia el correlato clínico-electroencefalográfico, pudiendo diferenciar convulsiones de seudoconvulsiones, simulaciones y también el desarrollo espaciotemporal, cerebral y clínico, de una crisis. Similar instrumentación se utiliza para los estudios de sueño, la polisomnografía, que permite detectar y valorar perturbaciones del sueño como génesis o concomitante de conductas anormales diversas, por ejemplo, sonambulismo, parasomnias y las producidas por su deprivación.

La misma tecnología utilizada para el registro puede aplicarse con electrodos colocados para estimular con fines de investigación o terapéuticos. Es la tarea que hacen marcapasos y estimuladores de diverso tipo para el Parkinson, dolor, algunas crisis epilépticas, neuralgias del trigémino y el electroshock. Este último con muy mala prensa, derivada del modo inapropiado de su uso y no de su efecto en sí. La magnetoencefalografía posibilita usar la estimulación magnética transcraneana en sujetos despiertos. Según la zona estimulada se hará aparente su función como motricidad, sensaciones o lenguaje y también modificaciones conductuales más complejas como cambios en el estado de conciencia y del humor. Su uso terapéutico es incipiente pero parece promisorio. La limitación es por ahora la menor precisión debido al tamaño de área estimulada y a su alcance en profundidad. De algún modo su precursor en la década de los años 1950 fue Wilder Penfield, famoso neurocirujano canadiense que con el fin de delimitar cuidadosamente la tarea quirúrgica en zonas de funciones muy importantes, como por ejemplo el lenguaje, estimulaba directamente la corteza con el paciente despierto y bajo anestesia local (el cerebro en sí no duele). Grande fue su sorpresa al ver que una de sus pacientes cantaba una de sus canciones de cuna cada vez que estimulaba una zona de su lóbulo temporal.

Otro notable logro es el conocimiento y manipulación genética que permiten la producción *in vitro* e *in vivo* de tipos celulares precisos y de ese modo corregir alteraciones de diverso tipo como se dan en algunas enfermedades metabólicas, genéticas o degenerativas e inclusive promover su reemplazo por células similares sanas. La clonación ha sido un paso, que en el caso del sistema nervioso, no llega a satisfacer los deseos imaginarios de un sujeto nuevo con iguales capacidades y experiencias adquiridas por su antecesor. Podemos fabricar un cerebro igual pero no idéntico, ya que el nuevo será moldeado por las experiencias propias de su poseedor, ciertamente diferentes de las del original. Las memorias producidas por el devenir histórico de un sujeto por ahora son intransferibles, a menos que hayan producido cambios genéticos transgeneracionales que requieren muy largos períodos de tiempo, por lo que su origen o estado inicial es imposible de conocerse con certeza y por lo tanto su consecuente manifestación actual difícil sino imposible de correlacionar. Lo que sí se ha logrado, merced a la "moda" de los bebés por encargo, es seleccionar muchas características de los mismos y entre ellas la posibilidad de una inteligencia, carácter y por ende posible personalidad determinados. El caso extremo es el de producir neuronas y eventualmente cerebros y seres humanos de probeta con posibilidades de desarrollo en un receptor de la misma u otra especie. Ya se han hecho experimentos que demuestran la factibilidad. Lo que queda por decidir es si éticamente se justifica y si es ventajoso evolutivamente para nuestra especie.

De esta manera y a grandes trazos llegamos a la última versión del sistema nervioso y en particular al órgano que más nos interesa: **el cerebro**. Lo hemos analizado en su estructura y funcionamiento mediante un reduccionismo que llega al nivel molecular o nano. Moléculas que se producen, combinan, transportan, degradan, electrones que se desprenden y desplazan, circuitos que se configuran y reconfiguran incesantemente, señales que constituyen mensajes transportados, circulados, modificados, creados, evaluados, guardados o suprimidos. En el fondo todo parece nuevo, aunque quizás no lo sea si recordamos esa descripción metafórica del cerebro hecha, años ha, por Charles Sherrington: *"un telar encantado donde una centelleante lanzadera teje su trama"*.

Este cerebro al que coloquialmente llamaré último modelo, tendrá una vigencia transitoria que me atrevo a decir casi efímera, tal la velocidad de transformación del conocimiento científico. Basta mencionar que en el transcurso de los cincuenta años de mi vida profesional activa, pasó de tener zonas mudas por no conocerse su función, a tener células individualizables, funciones estudiadas y modificables in vivo y en tiempo real. Las neuroimágenes fueron el puntapié inicial que cambió la historia. El aceptar que el cerebro tiene que ver con todas nuestras conductas despertó el interés no siempre bien motivado y éticamente justificado de los líderes de países desarrollados que lo han puesto en el centro de la escena con mega proyectos internacionales, comenzando por la Década del Cerebro en 1990 y los proyectos BRAIN 2014, HBP (Human Brain Project) 2013 y RRI (Responsible Research & Innovation) que se extenderán hasta el 2025. Los fondos dedicados son enormes y el avance de los medios de comunicación los internacionaliza aumentando aún más su poder. En el fondo representan el valor acordado a su conocimiento en el ser humano. Es el órgano considerado sede de sus ventajas como especie. Si el hombre conoce la naturaleza de su cerebro, conocerá luego a la naturaleza toda y el universo y así podrá controlar, modificar, crear. ¿El Homo Deus de Yuval Harari? ¿Mega torre de Babel en marcha, tendrá igual fin que su antecesora?

La consecuencia lógica de este estado de cosas es dar por sentado que nuestras conductas dependen exclusivamente del cerebro y que sus alteraciones necesariamente lo involucran. Gloria y reconocimiento al "método de abajo hacia arriba" (*bottom up*). Suenan trompetas…

Sin embargo, llegado a este punto y analizando cuidadosamente todos estos hallazgos, no sentimos la tranquilidad del famoso momento del "ajá" en que una certeza hace su aparición. Por el contrario, lo que se inició como una curiosidad reducida y focalizada, luego de este recorrido reaparece como un sinnúmero de nuevas preguntas/curiosidades. Hambre y saciedad son siempre estadios transitorios y alternantes, al igual que preguntas y respuestas o ignorancia y conocimiento,

Nos encontramos como el explorador enfrentando por primera vez una tierra desconocida llena de objetos para los que no tiene nombre, es decir, no los re-conoce y por lo tanto debe andar el intrincado camino del conocer para poder denominar y así pensar agrupando, comparando, categorizando, valorando, utilizando, creando, infiriendo, deduciendo y simbolizando a través del lenguaje. Percibe, luego de un tiempo, que existen semejanzas entre algunas de las cosas que va descubriendo y otras ya conocidas por él, las *re-conoce,* las ha *experienciado* (cosa diferente a *experimentado*), ha aprendido, comienza a saber y ser inteligente. Lo va haciendo *develando,* como señala John Rawls, cuando toma decisiones a partir de correr el velo de la ignorancia. Velo que le impedía hallar la sustancia de todo lo existente. Lo hace como si conocer fuera ir pelando las catáfilas de una cebolla inacabable. Al inferir y deducir postula causas, predice e instaura de ese modo la flecha de un tiempo interior con un comienzo o punto de partida en ese primer encuentro con el conocer y que puede medirlo cuando reitera y re-conoce. Memorias sucesivas van configurando un pasado, su historia personal. También conjetura y proyecta un futuro que en realidad es ilusorio y proviene del cotejo entre ese pasado y el presente que va surgiendo. Aparece otro tiempo, el de la acción y sus verbos apropiados, expresando impulsos y deseos que quizás se concreten en ese instante efímero del presente. Por eso suele decirse que el presente es un pasado que aún no fue y el futuro también un presente aún inexistente y un pasado que quizás será.

Una metáfora usada con cierta frecuencia para aludir al acto del descubrimiento, es la del reloj con sus componentes sueltos. Es un ingenio o máquina creado con el fin de medir el tiempo, en paralelo, pero independientemente de los ciclos diurnos. Una necesidad y una solución-respuesta a partir del progresivo ensamblado de partes/conocimientos. La situación inversa es también útil, el desarmado de un reloj sin saber qué es ni para qué sirve, para luego pacientemente descubrir qué función cumple cada parte, cómo lo hace y de ese modo *hipotetizar* a posteriori para qué servía como un todo. *Deconstrucción* seguida de *reconstrucción*. Algo parecido a la *ingeniería reversa*, con la diferencia que en esta última se parte de conocer la función para poder atribuir valor a los componentes de la cadena que llevaron a ella.

En cualquier caso, abstracciones tales como pensar el origen de las cosas, su sentido y buscar las respuestas, parece y es una tarea ímproba, en particular cuando parten de un sujeto cambiante que se interroga a sí mismo. Esta dificultad, tal vez imposibilidad esencial, parece ser debida a que el hombre enfrenta misterios y enigmas, y que irónicamente cuando cree haber hallado las respuestas, cambian las preguntas. Por ello algunos seres humanos se resisten a ver la vida como un constante y agotador proceso de solucionar problemas para sobrevivir. Lo hacen de los modos más variados y diversos.

Toda esta temática del "hombre y la vida, el hombre y el universo" lleva siglos, sino milenios, siendo considerada por brujos, sacerdotes, filósofos y científicos. La veremos señalada con diversos nombres según las épocas: creacionismo, materialismo, constructivismo, deconstructivismo, realismo, idealismo, iluminismo y la lista puede incrementarse según el conocimiento e interés que animen a quien se plantee estos interrogantes.

Un enfoque diferente es considerar al ser humano como un todo manifestándose en sus conductas y en particular aquellas que llamamos complejas que lo diferencian del resto de los animales. Esta mirada es la que se conoce como "enfoque de arriba hacia abajo" (*top bottom*). Es el que prepondera en la medicina a través de las neurociencias aplicadas a la psiquiatría, neurología y psicología, por un lado y a la filosofía, antropología, sociología y lingüística por el otro. Este enfoque totalizador, que indaga en las conductas humanas normales o desviadas, es el que plantea como objetivo conocer el funcionamiento integrado de ese ser tan complejo que se cuestiona a sí mismo y a sus circunstancias. Es complementario o suplementario del otro enfoque que vimos anteriormente. El primero investiga y provee conocimientos de las condiciones materiales que puedan dar sustento a las explicaciones o respuestas a los grandes interrogantes que plantea el segundo. Resumiendo: uno plantea el gran objetivo de conocer, explicar, comprender al hombre y sus conductas, y el otro provee los conocimientos materiales de su biología que puedan darle sustento a lo anterior. Van en direcciones opuestas y el logro ideal será su encuentro y complementación, a lo que apunta y se dedica la neuropsicología.

En la mirada "de arriba hacia abajo" la investigación necesariamente se orienta a estudiar las conductas humanas teniendo en cuenta el funcionamiento integrado de los diferentes componentes estructurales que las determinan. Se suele priorizar al sistema nervioso como el gran integrador, a veces dejando de lado reconocer la importancia también fundamental de los otros sistemas que conforman el cuerpo humano. Volviendo al ejemplo del reloj, sería como pensar que lo fundamental son las agujas que señalan las horas ignorando que pueden hacer eso gracias a la cuerda junto con el resto de las partes. No puedo evitar en este punto sonreír para mis adentros ante este ejemplo autocomplaciente que me parece un tanto insuficiente para el objetivo particular de estudiar al ser humano y sus conductas, cuando debemos reconocer que fue un ser humano quien inventó el reloj, pensó en el tiempo y le daba cuerda...

Hemos producido a lo largo de los años diferentes modelos explicativos. Necesariamente ha sido y sigue siendo así, dado que *es más lo ignorado que lo sabido*. Los modelos son hipótesis más o menos verificables con las que se avanza. Si las miramos atentamente veremos que siempre llegan hasta un cierto límite o frontera de conocimiento. Más adelante son reemplazadas por otras que cruzan algunos de esos límites para a su vez descubrir otros.

Cambian las fronteras/preguntas, pero seguimos intentando cruzarlas/ dar respuestas. Tarea ímproba porque esto suele suceder cuando creyendo haber alcanzado a conocer todo el territorio, a veces debemos comenzar de nuevo, como el explorador que sobrevuela un territorio pero esa visión del mismo será diferente e inclusive no corresponderse con la experiencia de recorrerlo a pie. Esta vieja idea que tenía cuando comencé esta escritura ha sido superada por los descubrimientos que merced al uso de drones y nuevas aplicaciones, hacen desaparecer intrincadas selvas y mares, para como en un acto de magia hacer aparecer ciudades, templos y restos de naufragios largo tiempo ocultos, cuya existencia desconocíamos o a lo sumo suponíamos. Una novedad tecnológica para investigar, conocer y quizás explicar. El esfuerzo que conlleva es como correr tras el horizonte o, en términos futbolísticos, tratar de hacer goles mientras nos corren el arco.

No obstante la dificultad, van surgiendo diversos modelos de funcionamiento cerebral que parten de una premisa general: sin cerebro puede haber vida pero no conductas, particularmente aquellas complejas que dependen de su funcionamiento como un todo y que consideramos humanas. Una conclusión también lógica sería que sin cerebro tampoco cabría la posibilidad de observarlas, conocerlas, comprenderlas y modificarlas interactuando con otros cerebros semejantes. Verdadero laberinto en el que muchas corrientes filosóficas y científicas debaten.

Los "andamios" modelos del cerebro

Excedería el propósito de este libro abundar en los diferentes modelos, sus variantes, aportes y falencias.

Me limitaré a comentar a grandes trazos aquellos que a mi juicio han producido los aportes más interesantes.

Todo comienza con el **localizacionismo** de Broca y Wernicke, que reconocen variantes del lenguaje ubicadas en zonas del cerebro bien delimitadas. Luego aparece el **asociacionismo** al señalar y demostrar que esas zonas no estaban realmente aisladas y que efectos similares podían observarse en lesiones que afectaran sus conexiones. Por otro camino Sherrington postula los arcos reflejos encadenados jerárquicamente, como la base funcional. Los reflejos condicionados, explorados luego por Iván Pavlov, le dan la razón y además aportan la demostración de la creación de nuevas memorias y el concepto de expectativa y recompensa, excitación, inhibición, refuerzo y extinción al igual que la relación o tiempo óptimo en la secuencia de estímulos para lograr un determinado efecto. Más adelante, con el aporte de Santiago Ramón y Cajal comienza a pensarse más en un sistema integrado con una arquitectura predeterminada que posibilitaría sus logros. Esta idea es tomada por Luria, que considera las estructuras cerebrales como analizadores corticales vinculados en grados crecientes de complejidad e integración siguiendo la secuencia del procesamiento de estímulos, desde su entrada sensorial hasta la culminación motora guiada por un sistema ejecutivo. Con la aparición de las neuroimágenes surge la posibilidad de ver las conexiones, su secuencia y, como derivación de la informática, la idea del procesamiento no solo lineal y en paralelo, como se consideraban anteriormente, sino el procesamiento en redes distribuidas, con nodos y posibilidades de direccionamiento variable incluyendo el recurrente o reentrante. Marcel Mesulam es quien da gran impulso a esa línea. La informática también posibilita crear modelos, aún limitados, de aprendizajes que en su conjunto llamamos **inteligencia artificial**. La posibilidad de procesar rápidamente gran cantidad de datos introduce otro interesante concepto como es del procesamiento probabilístico del cual el lenguaje usado en ordenadores y teléfonos celulares que completan, adelantan o sugieren palabras según la frecuencia de uso general en un idioma, o individual para cada sujeto, es un buen ejemplo. Doy fe de su utilidad al igual que de su imperfección.

Todo este recorrido tiene un fondo mecanicista y determinista que supone resultados fijos y predecibles, pero queda una larga lista de interrogantes a tener muy en cuenta: ¿Cómo explicar la variedad de conductas, la individualidad y aquellas conductas inesperadas en un determinado contexto? ¿Cómo explicar la cultura, tan diversa y tan determinante? ¿Cómo explicar el absurdo, el sin sentido o la carencia de finalidad? ¿Cómo explicar el arte y la creatividad? ¿Cómo explicar que tengamos un mundo interior y otro exterior, y que podamos diferenciarlos e inclusive aventurarnos como Freud en sus influencias recíprocas? ¿Cómo es que somos conscientes e inconscientes al mismo tiempo, que lo sabemos? ¿Cómo es que nos interrogamos por la existencia del mundo, las cosas y nosotros mismos?

Muchas de estas preguntas por ahora no tienen respuestas aceptadas universalmente y quizás no las tengan nunca o astutamente las descalificaremos como preguntas falsas, sin sentido, innecesarias o mal formuladas.

El determinismo resulta atenuado, a criterio de Joaquín Fuster, en la aleatoriedad y variabilidad de un sistema complejo como es la corteza cerebral humana.

Con el término plasticidad veremos reaparecer la misma idea de variabilidad, aplicada a otras estructuras y circunstancias del sistema nervioso.

Una respuesta, que no alcanza a ser una explicación definitiva, reside precisamente en la plasticidad neuronal. En función de ella, vivimos realizando constantemente aprendizajes y ajustes adaptativos, a punto tal que podríamos decir que somos un constante aprendizaje de supervivencia, sostenido por memorias cambiantes con refuerzos, olvidos, recuperaciones, actualizaciones y un incesante ir y venir de configuraciones y reconfiguraciones: la idea de huella, bien ejemplificada por Esteban Levin, como la marca de algo que ya no está, constancia de una existencia pasada, pero que al igual que la masilla puede ser molde o remodelada. La idea del palimpsesto se le asemeja y no casualmente a veces se la usa como metáfora de la memoria. Al respecto resulta interesante que un economista, el Dr. E. De Pablo, desde la perspectiva focalizada en la evolución económica, plantee la importancia de la planificación como la construcción de un camino maleable como si fuera de masilla, pero que finalmente queda fijada de forma irreversible como si fuera arcilla por la realidad del tránsito. Señala como un error de esa perspectiva pensar en una secuencia maleable-masilla-masilla para el diseño y la ejecución, lo que no dejaría una huella/memoria/aprendizaje. Personalmente me arriesgaría a hipotetizar que nuestras memorias, en tanto tales pasan a ser arcilla, pero como un molde con algunas imperfecciones que permite moldear con otra masilla nuevas memorias vinculadas, manteniendo una relación de continuidad y pertenencia.

Un autor cuya influencia no puedo negar es Daniel C. Dennet, quien dice debemos formular las preguntas iniciándolas con el *cómo es que* absteniéndonos del *por qué* y el *para qué*.

Llegados a este punto, aquellos lectores suficientemente pacientes e interesados verán que he abreviado con alguna dificultad el largo camino para arribar, y por qué no tropezar y caer una vez más, en los dos grandes interrogantes que llevan siglos en búsqueda de respuesta definitiva: el problema mente/materia y naturaleza/cultura o congénito/adquirido. Se ha intentado hacerlo de diversas maneras, incluyendo la lisa y llana desestimación. Pinker lo expresa como las fracturas en el conocimiento humano (dicotomías) a las que agrega ciencias/artes y humanidades.

El problema queda planteado

Como corolario de los capítulos anteriores, esta es la instancia de poner en evidencia mi objetivo como un intento particular de responder algunos interrogantes sobre la idea del *neuroTodo* y su crítica.

El *neuroTodo* sería una versión excluyente de lo mental partiendo de considerar que nada existe en la mente que no haya llegado a través de los sentidos para ser procesado por el cerebro; luego existo, pienso en todo lo imaginable y así puedo referir todo y cualquier cosa al cerebro. Una ambiciosa mezcla *sui generis* y reduccionista de biología, mecanicismo y determinismo, que no obstante deja sin explicación al ser humano en su esencia como tal.

Me parece que es una encerrona en el pensamiento circular, inútil para avanzar en el conocimiento, como son la fe o las ideologías que seducen, atrapan, pero impiden considerar otras alternativas superadoras. Pensar en esto ha motivado mi escritura.

CAPÍTULO IV

Lo *neuro*.
El cerebro y los humanos

Nuestra existencia es un episodio de conciencia entre dos olvidos.
Karl R. Popper

Una persona es una sombra en la que nunca podemos penetrar y que no ofrece posibilidad alguna de conocimiento directo.
Marcel Proust

Los humanos. Sombras de un solo día.
Sófocles

Llegados a este punto hay algo de lo que no podemos dudar, pero al mismo tiempo hay algo para lo que no tenemos una respuesta segura. No podemos dudar de que nuestro cerebro está relacionado con nuestras conductas, pero está menos claro cómo lo hace de tal forma que seamos humanos y nos reconozcamos como tales.

Esto último lo formula muy bien Julio Moreno en su libro *Ser humano* cuando se pregunta qué es lo humano de los humanos. Su respuesta sucintamente es: "*una falla de la biología*".

Según lo entiendo, tal falla sería el apartamiento del determinismo y mecanicismo que impregnan la biología. Como corolario aparecería la imprevisibilidad y de ese modo lo original, individual, impredecible del hombre que le confieren esa característica que condiciona a veces aciertos cuando lo esperable sería el fracaso o viceversa, fracasos cuando lo previsible serían aciertos. Lo inesperado, discordante con las circunstancias como posibilidad u opción exclusivamente humanas.

En ocasiones crea, inventa, habla de cosas que no existen y evoluciona positivamente; mejora su existencia con el arado de vertedera, las semillas híbridas o las vacunas. Por el contrario y del mismo modo puede comprometer su evolución depredando, destruyendo el medio o creando instrumentos de destrucción masiva. Se puede dar una larga serie de ejemplos de este tipo. Uno de ellos es el corrector de lenguaje de la computadora, al cual desafiamos cuando completa o pone una palabra que estadísticamente sería apropiada, pero que, inveterados transgresores creativos, ignoramos eligiendo otra. Lo interesante es que la inteligencia artificial de la que hacen gala la PC y el teléfono, ignoran las misteriosas razones por las que realizamos esos cambios. Los neurocientíficos no les van a la zaga y en muchos casos los usuarios tampoco. A los nuevos artificios, más bien a sus creadores, les queda por hacer un aprendizaje a posteriori sujeto a nuevos desafíos. Como podemos ver, esta es la afortunada cadena de ensayo, error, corrección, que configura el constante aprendizaje.

Resuena apropiada aquí una frase de Karl Popper: "*All life is problem solving*" (toda vida es solución de problemas), los minerales y los muertos no tienen problemas, la vida sí.

Por otra parte, la transgresión al determinismo parece responder a ese oscuro aspecto de nuestro funcionamiento que llamamos según el caso, deseo, voluntad. ¿Será ese deseo asumido como expresión de la voluntad, aquello que nos diferencia e identifica? ¿Serán a su vez deseo y aleatoriedad las razones por las que, al menos por ahora, ningún algoritmo general basado en probabilidades nos puede sustituir? Interrogantes con respuestas precisas aún pendientes.

Pensando en la abundante aleatoriedad en nuestro devenir, el ejemplo del cisne negro es apropiado. Su existencia es posible pero muy poco probable. Cuando aparece pone en duda la solidez de la idea generalizada de que todos los cisnes son blancos. Creencia arraigada dada la altísima probabilidad que le confiere ser la mayoría o la totalidad del universo de cisnes observados. No siempre lo esperable es lo que sucede, para bien o para mal.

La biología en forma similar juega malas pasadas con las mutaciones, evento inesperado, variablemente neutro, beneficioso o deletéreo. En todo caso solo podemos ser obedientes testigos y con buena suerte realizar un aprendizaje.

Steven Pinker hablando de la evolución biológica la considera un proceso físico de selección natural entre replicantes. Me parece una definición un tanto extrema al aplicarla a los seres humanos, pues siguiendo esta línea de razonamiento, el hombre actual sería el resultado de adaptaciones exitosas exclusivamente de origen biológico y no más que eso. Quedaría abierta de ese modo la posibilidad (¿única?) de que en un azaroso futuro aparezcan replicantes que nos sustituyan como especie simplemente por ser pasivamente sobrevivientes exitosos en las nuevas condiciones del medio. Según creo entenderlo, el azar gatillaría las respuestas biológicas, que luego se sucederían mecánicamente. Planteo extremo que le otorga al azar y la biología un papel determinante y excluyente en la interacción con el medio. La cultura entendida como el cúmulo de conocimientos útiles para aplicar inteligentemente quedaría fuera del mismo o puesta entre paréntesis al aceptar que el cerebro más evolucionado es el responsable de la cultura más evolucionada. Parece un círculo vicioso.

Ignorar la importancia de la cultura significa ignorar la posibilidad de elegir y tener conciencia desde la cual y con la cual se elige (¿?). El hecho de que no todas las elecciones sean conscientes no justifica ignorarla, en todo caso obligaría a redoblar el esfuerzo para investigar tanto la conciencia como el inconsciente. El valor de la cultura radica en ser la proveedora de conocimientos previos basados en las experiencias acumuladas por las sociedades humanas. Merced a ella aumentan las posibilidades de éxito y disminuyen las equivocaciones. Dicho de otro modo, sería parte sustancial del basamento para la toma de decisiones, muchas de las cuales nos han otorgado el lugar de privilegio entre los seres vivos que hoy disfrutamos.

El estudio de los mecanismos cerebrales de toma de decisiones es un capítulo que ha adquirido notable desarrollo en las neurociencias. Las decisiones terminan en ejecuciones que se atribuyen a una parte del cerebro, el lóbulo frontal. Dentro del mismo, una parte de reciente y marcado desarrollo en los homínidos, el prefrontal, es considerado sede de las funciones ejecutivas. Si bien existen evidencias de su participación que llevaron a considerarlo el director de la orquesta, voces tan autorizadas como la de Joaquín Fuster critican esa postura; para él es parte de la nueva frenología vinculada con las neuroimágenes. Sin desestimar la importancia del lóbulo frontal, estima que es una parte más de la enorme red convergente que interactúa con él. De lo que no caben dudas es que muchas de las conductas complejas consideradas marcadores humanos pasan por allí. La filogenia y la ontogenia lo justifican.

El hombre enfrenta opciones entre las que escoger. Puede ser inducido, engañado, atraído, pero no fatalmente obligado. Las opciones no son infinitas y su cantidad determina la magnitud de su libertad. Como en las estadísticas, la misma tiene límites variables a los que llamamos grados, entendidos como desvíos aceptables dentro de un universo de datos, en tanto no desvirtúen la tendencia dominante expresada en la media o mejor aún en la mediana. Este es un aspecto crucial, ya que mayor y mejor cultura se corresponden con mayor y mejor cantidad de datos de universos posibles, resultante en mayores grados de libertad.

La posesión de muchas posibilidades de elección paralelamente incrementa las dudas. Ese sería el caso del estudio y conocimiento de la realidad tomado como ejemplo. Dentro de él, la multiplicidad ha generado más interrogantes que respuestas, con posibilidades tan diversas como ser única, diversa, con existencia actual, previa, independiente o vinculada con el observador, propia de él. El gato de Scröedinger mete la cola...

Consecuentemente con la necesidad de tomar decisiones, estudiar sus mecanismos y posibilidades dentro de la biología, resurge el concepto de libre albedrío, tratado desde antes por filósofos, juristas y estudiosos de la moral y la ética. En el mismo deberán considerarse aspectos como determinismo, flexibilidad y aleatoriedad, puesto que según la postura asumida el libre albedrío podrá ser absoluto, relativo, o una ficción. La posibilidad que no sea el sujeto quien elije, sino que sea inducido, seducido, forzado a una determinada elección, dentro de una oferta controlada por otro, añade complejidad y alerta sobre los riesgos.

El descubrimiento y estudio de los **potenciales de aprestamiento** complicó aún más las cosas, además de aportar un dato favorable a la tesis de Pinker. Se los denominó así por ser ondas registradas en la corteza cerebral alrededor de 250 milisegundos antes que el sujeto ejecute una acción e inclusive antes que sea consciente de su propia decisión. La anticipación es suficientemente breve como para creer erróneamente que decisiones y acciones pertinentes se inician en el momento que somos conscientes de ello. Actualmente se considera que este procesamiento cerebral anticipatorio de toma de decisiones funciona probabilísticamente. Determinismo y mecanicismo biológico puro.

Para nuestra tranquilidad y la de Julio Moreno, este mecanismo biológico, a pesar de su rapidez y naturaleza que lo ponen fuera de nuestra conciencia, implica una multiplicidad de pasos susceptibles de interferencias inhibitorias. En alguno de ellos radica la posibilidad de decir no a una opción, también a cancelar o detener la acción. Igualmente aparece la posibilidad de errar ya que las probabilidades no son nunca del cien por ciento en una dirección, ni opciones y circunstancias se repiten monótonamente. Por lo tanto, el resultado final, la **conducta manifiesta**, dependerá de esa ecuación en la que la memoria de experiencias previas pone el marco de elecciones posibles en función de resultados conocidos y valorados.

Es muy interesante este punto de vista sujeto a debate, ya que en el campo jurídico, libertad de elección, responsabilidad y culpabilidad están sobre el tapete. Es excepcional y probablemente inexistente una acción que se ejecute obligadamente sin que pueda ser, al menos potencialmente, impedida o modificada. La excepción son aquellas acciones que no admiten dilaciones o negativas, pues literalmente nos va la vida. Funcionan mediadas por arcos reflejos o circuitos con gran velocidad de conducción. A modo de ejemplo cabe mencionar la respuesta al dolor agudo, a las alteraciones homeostáticas importantes o bruscas, amenazas que gatillen conductas de ataque o huida y en general a todos los riesgos para nuestra integridad física.

Como en tantas otras circunstancias, las patologías más diversas producirán fallas en estos procesos de conocimiento, aprendizaje, reconocimiento, evaluación y ejecución, resultando en conductas inapropiadas o equivocadas, tanto por carencia como por exceso.

Un aspecto a resaltar es que vulgarmente se tiende a valorar positivamente como determinantes a los impulsos exitatorios. Dicha valoración proviene de la suposición de que son los que inician, desencadenan las acciones, haciéndolo en forma independiente o aislada. Por el contrario, es la inhibición en realidad la que modula, autoriza o las impide.

El fenómeno atencional es otro ejemplo en que la inhibición es decisiva al desatender y así ignorar los estímulos distractores. De ese modo deja habilitado para actuar sólo aquél que se destaca o impone por su valor e importancia. Cuesta aceptar esto, pues resulta contraintuitivo, ya que habitualmente nos sentimos movientes, propositivos.

Finalmente un paso fundamental es considerar que en un sistema tan complejo como el ser humano, sus conductas están **multideterminadas** y procesadas en forma variable y a veces impredecible.

No podemos dejar de tener en cuenta además que puede ser el sujeto quien en forma variable determina sus circunstancias o es determinado por ellas, quedando preso de las mismas cuando las crea, modifica o inversamente es creado o modificado por ellas. En todo caso queda ligado siendo el sujeto que sujeta o es sujetado. La propia palabra sujeto proveniente del latin subjectum lo atestigua. Debemos aceptar que en la interacción con el medio configuramos a éste y somos configurados por él en un devenir de ida y vuelta **espiralado**. Por lo tanto resulta difícil, sino imposible, otorgar prioridad al sujeto o al medio. Ambas alternativas son posibles y válidas. Otra situación de difícil salida.

Vemos así varios aspectos de las conductas humanas, cuyas características definen a sus ejecutores como tales. Muchas veces nos resultan difíciles de explicar y comprender.

En nuestra relación con el medio debemos necesariamente incluir otros seres semejantes a los que conocemos observando sus acciones y decodificando el lenguaje que compartimos. De esa forma intuimos sus intenciones, pensamientos, deseos y el origen de los mismos. Lo hacemos dentro del marco de complejidad, incertidumbre y premura con que nos manejamos al interactuar socialmente. Ayuda a esta intuición que los consideramos por analogía similares a los que cada uno posee y que son evocados en cada interacción. La teoría de la mente comienza a develar, sin hacerlo del todo, el mecanismo subyacente.

El lenguaje añade enormes posibilidades a la interacción antes señalada, pero también la complejiza. Como sistema simbolizante, permite no solo comunicarnos y enviar mensajes con información, sino también hacerlo de forma imperativa o suplicante, expresar afectos, convocar y repudiar, advertir, enseñar, pero también, detalle no menor, mentir, seducir, convencer, inducir. Muestra y pertenece al universo de lo mental con raíces en el cerebro. De ese modo pensamiento, lenguaje y acciones, habiendo partido de allí, cobran vida propia pudiendo ser coherentes o incoherentes. En este último caso la búsqueda de certidumbres sobre las cuales construir, falla y puede derrumbarse.

La mente que estamos seguros de poseer nosotros y a su vez suponemos la poseen también nuestros semejantes, constituye lo que denominamos subjetividad. Estamos otra vez sujetados, ligados a algo variablemente definido. Solo tenemos evidencias directas de la propia en primera persona e indirectas en tercera persona de las otras. Surgen así las diferencias entre yo y el otro que señalan identidad sin negar semejanzas. Ambas apreciaciones yo/otro pueden ser erróneas, con la diferencia que de nuestra propia subjetividad no podemos permitirnos dudar, a riesgo de una desintegración del yo si así lo hiciéramos. Esto fue claramente planteado por Descartes al decir que solo tenemos una certeza y es en nuestra propia subjetividad constituyente: "pienso, luego existo". Sin ella estaríamos en graves problemas por carecer de identidad, de un yo con su historia, terreno de la patología.

Los humanos, al igual que otros seres vivientes, estamos provistos de sensores con los que obtenemos información tanto del mundo exterior como de nuestro propio mundo interior. Esta información es esencial para relacionarnos e integrarnos. A ese proceso de construcción que refleja ambos mundos en nuestro cerebro/mente, le llamamos **sensopercepción**. Merced al mismo le conferimos valor de realidad, es decir, le damos valor de certeza con la cual poder vivir y con-vivir.

Hoy sabemos que el cerebro es el gran constructor de certezas con las que, cual ladrillos, se va armando el edificio del conocimiento. La similitud de los sensores y del cerebro propio frente al de nuestros semejantes, e inclusive con los de otros seres vivos, hacen que surjan coincidencias y criterios de veracidad acerca del mundo con el que interactuamos, no solos y aislados, sino como especie social. De allí también proviene la semántica del lenguaje con que describimos, clasificamos, valoramos y la sintaxis con la que denotamos acciones e intenciones.

Es también ese lenguaje el que nos llevará tarde o temprano a reconocer que esa realidad considerada objetiva puede no ser tal. En primer lugar porque la experiencia es individual, única, irrepetible, subjetiva. Por eso en las coincidencias, somos seres semejantes pero no idénticos. Cuando simbolizamos poniendo en palabras, las coincidencias serán semánticas, por ser ese el nivel donde se dan dichas coincidencias, donde presuntamente predomina la objetividad; en cambio, a un nivel subjetivo, lo predominante serán las diferencias y las intenciones, los afectos. Por ejemplo si dijera *silla*, esa será en última instancia *mi silla* y tendrá un número variable de diferencias con la de cualquier otro sujeto, preservando la coincidencia esencial de ser un objeto utilizado para sentarse alejado del suelo. A esa esencia la llamaríamos *silleidad*, plasmada en la semántica del lenguaje por la cual todos sabemos de qué hablamos aún en ausencia de aquello a que nos referimos. Manera peculiar de decir lo inefable. ¿Los qualia? Bonita manera de intentar salir de lo inefable. La posibilidad de interacción social apropiada está dada por la coincidencia en esa esencia. El concepto silla ha partido de una idea o imago personal, forjada por experiencias que a su vez representan una realidad subjetiva compartida. Si el interlocutor hubiese sido un carpintero tendrá muy probablemente muchas otras sillas diferentes *in mente*, según su propia experiencia subjetiva. La coincidencia con su cliente estará dada porque para ambos, sin lugar a dudas, una silla es un objeto usado para sentarse separados del suelo. Si nos entretiene este recorrido, podemos añadir un ítem más para la reflexión. La silla del cliente es una creación suya, la que finalmente le entregue el carpintero será una creación de él, semejante pero no idéntica a la del pedido. Si la exigencia de identidad es extrema, surgirán los retoques en búsqueda de la copia fiel, posible solo cuando la realiza un robot que tiene programas pero no subjetividad ni pensamiento propio. El robot ejecutará fielmente respondiendo rígidamente a un programa; el carpintero creará o adaptará un programa susceptible de modificaciones. Por otra parte la silla del cliente y del carpintero son subjetivamente distintas por tener incluidas en ellas los afectos, e intenciones u objetivos con que cada uno creó una imago, no necesariamente representada en su totalidad por la palabra silla.

Espero que este circunloquio haga aparente y resalte el problema irresuelto entre lo subjetivo y lo objetivo, la realidad y las realidades, la verdad única y las verdades, lo mental y lo tangible, y ese fenómeno estrictamente humano por su complejidad que es el lenguaje.

Es un hermoso y fascinante camino para adentrarse sin obsesionarse por la respuesta definitiva. Es más provechoso disfrutar de los avances y retrocesos en pos de ese horizonte que creo afortunadamente parece ser y quizás sea inalcanzable. El arribo es en realidad la desaparición del sujeto que pregunta, su triste muerte. Como dice Santiago Kovadloff: *"la respuesta es la tristeza de la pregunta"*.

Maravilloso fenómeno este de ser sujeto y objeto al mismo tiempo, dependiendo de la tarea que realiza el aparato psíquico como lo imaginara y diseñara Freud. Atribuyó su ubicación en el cerebro aunque sin demasiadas precisiones, cosa que sus sucesores a veces intentan forzadamente.

La otra maravilla es que mientras todo esto sucede tenemos conciencia de ello. Merced a la conciencia sabemos, conocemos el contenido de lo que pensamos, que permanece oculto para los observadores. Añeja pregunta de nuestras madres y maestros: ¿en qué estarás pensando? La ciencia produce múltiples modelos para representarla: "el escenario del teatro donde transcurre la vida", "una biblioteca, archivo o cuarto oscuro donde la atención, cual una linterna, ilumina y hace aparente un contenido". Actualmente, de acuerdo con la neurofisiología, sería "lo que sucede cuando hay una sincronía en circuitos reverberantes tálamo corticales". La conciencia también puede contener la suposición de lo que piensa el otro, lo que yo hago, lo que él hace, detectar incoherencias y barruntar con cierta preocupación, que hay algo, quizás mucho, que no sé ni llegaré a saber nunca, y otro algo que con esfuerzo puedo llegar a conocer. Aquí me parece importante mencionar a dos autores como Antonio Damasio y Juan Carlos Goldar. El primero, en su libro *Sentir lo que sucede*, desarrolla el concepto de marcadores somáticos, portadores de sensaciones tal como serán percibidas, pero sin ser la causa de la sensación en sí, sino las modificaciones biológicas concomitantes y coherentes con aquello que sentimos o experimentamos. El segundo plantea un modelo de aparato psíquico constituido por tres esferas. La esfera intelectual vinculada con las estructuras corticales ontológica y evolutivamente más recientemente desarrolladas. Por ella pasa el mundo intelectualmente percibido. La esfera valorativa, ubicable en la corteza intermedia o límbica, responsable de adjudicar valores al mundo intelectualmente percibido, intermediando con el estrato profundo o esfera vital. La esfera vital cuyo *locus* estaría en las zonas profundas y más antiguas como el hipotálamo, sede del temperamento y de la homeostasis que da sustento y características individuales a las otras esferas, además de preservar la vida. Notable elaboración de ambos autores intentando ligar mente y materia colocando sus modelos en la estructura concreta del ser humano.

Ciertamente no han sido solo los científicos quienes han intentado arrojar alguna luz sobre estas tinieblas.

Los filósofos han hecho su aporte, que poco a poco fue llevándolos a un camino de convergencia con los científicos, en particular con los neuropsicólogos, al mostrarse interesados en el lenguaje, la conciencia y el libre albedrío. Los investigadores de las neurociencias, siguiendo un camino inverso, coinciden y convergen finalmente interesándose en responder las sempiternas grandes preguntas.

Recorriendo la literatura sobre el tema podemos encontrar más controversias que certezas. Platón, la alegoría de la caverna, Aristóteles, la mayéutica, Descartes, la partición en dos mundos a ser estudiados por separado: la *res extensa*, la *res cogitans*. Inclusive surge un miembro del *neuroTodo*, la neurofilosofía, con autores del calibre de Churchland, Pinker y Dennet. Muchos otros lo hacen desde la interdisciplina, abrevando tanto en las humanidades como en las neurociencias. En conjunto, todos contribuyen al avance en el árbol del conocimiento, sus raíces comunes, ramas diversas y frutos variados. La advertencia que parece apropiada frente a ese derrotero sería no cortar indiscriminadamente las ramas, menos aún talar el árbol.

Merece hacer un recorrido breve por algunas ideas y modelos provenientes de ese otro ámbito.

La idea del **exocerebro**, como aquello que proveniente de un cerebro lo vincula con otros similares, es interesante al proponer que no es solo el cerebro en sí, sino el vínculo que debe ser estudiado.

El **epifenomenalismo** reduce lo mental a un producto cerebral similar en su esencia a la producción de bilis por el hígado; describe, propone, pero no llega a explicar cómo lo hace.

Riviere a su vez plantea la concepción del mundo compuesto por dos categorías de objetos diferentes: con o sin mente.

Otros estudiosos van al punto radical de la relación entre un objeto material, tangible y analizable a la luz de las leyes de la física y la química, frente a algo que puede dudarse si llamarlo objeto. Duda justificable dado que por ser intangible, no tenemos instrumentos fiables para estudiarlo ni leyes por las cuales evaluarlo.

Mario Bunge insiste con la idea de que nuestras observaciones de la realidad muestran dos caras del mismo objeto. Tarde o temprano, descubriremos las leyes que explicarán esa aparente dualidad e intangibilidad. Esas leyes inicialmente podrán ser diferentes en cada caso: **dualismo de método**. Finalmente se unificarán en un **monismo** perteneciente a las ciencias llamadas "duras".

En el fondo podemos englobar todo lo anterior en algunas posturas básicas: negar el valor o utilidad de la pregunta o enfrentarla radicalmente. Lo primero es **reduccionismo extremo**, en realidad **negacionismo**, para el cual lo mental en sí no existe. Solo hay materia y por allí deben correr las preguntas. Sus oponentes, con Berkeley a la cabeza, desde un reduccionismo extremo pero de signo contrario, piensan que las cosas en sí no existen, excepto en la mente de quien las piensa. Estas posturas adscriben a los **monismos extremos**.

Por el contrario, otros autores reconocen la existencia de ambos objetos de estudio y se abocan a estudiar su relación recíproca. Esto lleva a plantear la causalidad y las condiciones para que uno genere al otro en un proceso reversible. La reversibilidad es condición *sine qua non* para considerarlos parte del mismo fenómeno o universo.

En esa búsqueda, una observación proveniente de la medicina ha resultado de utilidad. Es el **efecto placebo**, por el cual un resultado terapéutico puede depender de las expectativas generadas en el paciente y no del tratamiento en sí. Está basada en el **modelo pavloviano**. Una determinada droga de efecto conocido es reemplazada siguiendo los pasos del condicionamiento, por una sustancia inerte, obteniendo el mismo resultado. Lo interesante es que la magnitud de la respuesta, aún con el uso de la droga verdadera, depende de las expectativas que sepa generar el administrador, junto con el grado de receptividad y expectativas propias del paciente. Más recientemente se ha comenzado a estudiar su contracara, el **efecto nocebo**, consistente en el mal resultado de un tratamiento eficaz debido a las expectativas negativas del paciente, sean estas espontáneas o inducidas. En ambos casos funcionan como **profecías autocumplidoras.**

El efecto *placebo/nocebo* es tomado como muestra de la reversibilidad mente/materia ya que en última instancia ha sido producido por la captación de ese mensaje intangible tanto por la mente del paciente como la del médico, ambas surgidas de sus cerebros.

Las **ilusiones ópticas** son otro modelo digno de interés. Ayudan a comprender cómo las sensopercepciones con las que construimos mundos son personales, a veces diferentes de lo que realmente vemos, pero en las que creemos. Lo hacemos por manejarnos con creencias-certezas previas que han forjado las expectativas.

La creencia previa es en realidad una experiencia respecto de la cual filósofos, sociólogos y antropólogos, tienen mucho para decir. Algunos insisten en el valor de lo experimentado en el devenir histórico de un sujeto, es decir, *vivido realmente.*

Desde este mismo campo de las humanidades llegan advertencias sobre los peligros de la cultura contemporánea y sus tecnologías. Surgen de la observación de sujetos inmersos la mayor parte del tiempo en **realidades virtuales.** Los símbolos ya no son identificables exclusivamente con sus experiencias verdaderas, sino con aquellas fantaseadas e inducidas por la pantalla. **Goza y sufre cada vez más por lo que ve y está fuera de él, que por sus experiencias y vivencias personales**. Las mezcla y confunde. No es difícil imaginar las consecuencias de los aprendizajes realizados de esa forma.

Llegamos de este modo al punto de interés central, objetivo de este libro: el análisis crítico de eso que he dado en llamar **la era del neuroTodo**. Hasta aquí la mirada ha sido puesta a grandes trazos en el aspecto **neuro**.

CAPÍTULO V

El problema del *todo*

*Que las respuestas hayan fracasado no quiere decir
que las preguntas no sigan vigentes.*
Octavio Paz

La verdad creída supera a la demostrada.
Héctor J. Fiorini

*Mito y afecto reemplazan catastróficamente las
formas de verificación empírica.*
Alexandre Koyre

Queda entonces por considerar el uso del sustantivo **neuro** al adjetivarlo como **todo**. Por su magnitud y prolongación en el tiempo es razonable hablar de una era y de su uso, a mi juicio, abusivo.

Analizar este fenómeno requiere por una parte tener conocimiento de las bases científicas al igual que humanistas de **lo neuro**. Camino que ya hemos transitado.

Tratar de hallar las razones para su uso generalizado requiere conocimientos provenientes de las humanidades, ya que finalmente es una conducta de los seres humanos viviendo en sociedad. En esencia lleva a cuestiones tales como por qué y para qué hacemos lo que hacemos.

Es necesario responder a estas dos preguntas en el caso particular del uso abusivo de lo neuro. En este punto la atención entonces debe dirigirse a conocer quiénes son responsables y ejecutores de ese uso.

En primer lugar cabe reconocer que no es casual la invocación a conocimientos científicos por parte de aquellos dedicados a inducir pensamientos y conductas. Figuran en ese grupo los llamados formadores de opinión, docentes, publicistas, expertos en marketing, divulgadores, influencers, relacionistas públicos y políticos. Brujos, magos, chamanes, médicos, curanderos, sacerdotes y algunos timadores, tienen también bastantes conocimientos sobre estos temas. Los utilizan en su provecho para darle validez a su predicamento, aludiendo a autores, a la divinidad iluminadora o a la ciencia en general. Las diferencias estarán dadas en la modalidad, los objetivos, la moral de la que parten y la ética con que proceden para lograrlos. Este análisis ha dado origen a mi posición crítica que ocupará el último capítulo.

La evolución sigue y es inútil tratar de detenerla. No depende de nosotros, aunque podemos influenciarla. Somos plásticos y por eso aprendemos pues frecuentemente nos va la vida en ello. El destino final de cada aprendizaje siempre permanece abierto como lo está la memoria; un eterno palimpsesto que da la posibilidad de buscar bajo sus capas viejos conocimientos que ayuden a construir nuevas certezas, desambiguar y dar alguna previsibilidad al futuro. Resulta una tarea ímproba por el margen de error que da la aleatoriedad y nuestra naturaleza de seres en constante cambio. Siempre hay un cisne negro, pero lo maravilloso es que podamos hablar e interrogarnos sobre ello. Newton, Einstein, Böhr señalan la ruta. Cada uno lo hizo subido a hombros de otros grandes pensadores, haciendo camino al andar.

CAPÍTULO VI

Crítica al *neuroTodo*

El mundo como objeto a la medida del sujeto.
A. Maturana, F. Varela

Los mercaderes de la atención.
Yuval Harari

Tal como lo expresa Richard Dawkins, estamos como un relojero ciego que intenta construir un reloj tanteando, deduciendo. Es dudoso que podamos decir finalmente ¡Ajá, Eureka!

El recorrido de los capítulos precedentes parece extenso, sin embargo resulta breve en relación con los avatares del hombre. Es necesariamente así, por ser una introducción acotada, simple, que posibilite una mirada interdisciplinaria, crítica de esa otra mirada unidimensional del *neuroTodo*.

Lo andado se asemeja a un remolino que vertiginosamente lleva a ese fondo o abismo donde yacen las preguntas esenciales como la que se formulaba Santo Tomás de Aquino pidiendo angustiadamente a su Dios respuestas sobre sí mismo. Los científicos, desde la biología, en algún momento de sus vidas se sienten como él, pero al no tener habitualmente un Dios al que dirigirse, radicalizan la demanda preguntándose qué movería a ese hombre, ese ser humano, Santo Tomás, a expresarse así. ¿Qué significado tendría su implorar?

A veces regresan en un acto de fe y convierten su método en religión y tienen su Dios. ¿Metáfora del remolino o agujero negro? Da lo mismo. En ambos casos acechan enigmas y misterios de los que intentamos dificultosamente salir en medio de una confusión babeliana. Necesitamos leyes que nos permitan universalizar en un hombre todos los hombres, la humanidad.

Ludwig von Bertalanffy en 1940, con su teoría general de sistemas, nos ubica formando parte de un sistema abierto con posibilidades de **autopoiesis**. De este sistema surgen nuevas propiedades a las que llama "emergentes", de una complejidad y organización crecientes. Surgen los vínculos con las leyes de la termodinámica y hoy agregamos los fractales, aunque no es seguro que todo dependa de un proceso único y semejante. Por lo tanto, no es sencillo ni rápido avanzar en el conocimiento del hombre, sus conductas, con un razonamiento simple y lineal.

Señalar algunos intentos de respuesta, temo dejen un gusto amargo por su multiplicidad y variedad, presagio de más incertidumbres. Queda la esperanza alentadora de seguir preguntando incansablemente, pues filosofía y ciencia son interrogadoras por esencia y excelencia.

Daniel Dennet introduce una variante cuando cambia el punto de mira del interrogador y consecuentemente de la interrogación. Intenta así salir del impasse reemplazando el *por qué*, o el *para qué*, por el *cómo es que*. Trata de tomar distancia de la teleología, más cercana a la idea religiosa de un destino prefijado por El Creador.

He escogido intencionalmente para esta escritura, un recorrido perlado de condicionales, contradicciones y controversias. Proviene de la enseñanza de grandes maestros junto con la experiencia propia que han fomentado curiosidad e inquietudes.

Son herramientas que permiten construir fortalezas, pero también castillos en la arena. Pueden derrumbarse, pero, ladrillos, arena y mar siguen obstinadamente estando allí incitando a construir y re-construir. Obediencia al consejo materno: "La victoria es del más perseverante", tomado de Napoleón.

Por haber andado un largo camino educado como hombre de la duda, de la pregunta, más que obediente receptor de respuestas, me siento interpelado y particularmente preocupado cuando algunos aspectos del ser humano son presentados como verdades absolutas e inamovibles. Sucede especialmente cuando se trata de explicarlos y justificarlos de ese modo. Peor aún si se lo hace retrospectivamente a partir de las consecuencias en el presente, dado que suelen mantener ocultos o ignorados, quizás en forma definitiva, su génesis, fin y sentido. Aparece entonces el *relojero ciego*.

Es que las conductas humanas necesariamente son estudiadas en su devenir en el tiempo. Por esta razón solo podemos cautelosamente especular, reflexionar, formular hipótesis y teorías, abandonando los absolutos y aprovechando las controversias. En este sentido además de parecernos al relojero ciego, somos como los exploradores del túnel del tiempo en los relatos de ciencia ficción. Partimos de la cultura y sus restos, tratando de llegar a los creadores de la misma, sus razones y maneras de hacerlo. Conocer cómo, por y para qué, hacían las cosas que hacían es una tarea plagada de suposiciones, presunciones, deducciones e inclusive de imaginación. La realidad o la veracidad suele escurrirse como arena entre los dedos.

En todo caso estamos siempre en presencia de signos, símbolos y señales, intrigantes huellas de la existencia de nuestros antecesores, que cual un intrincado lenguaje ancestral, requiere de una piedra de Rosetta para ser decodificado. El inconveniente puede ser que no aparezca, no exista, o se necesiten varias y diversas Rosettas.

Por lo tanto no me parece prudente pregonar certezas o supuestas verdades como si fuesen incuestionables, definitivas, sabiendo que pueden ser parciales, transitorias o falsas.

Alan Ropper se preguntaba allá por 2010 si sería posible que alguna vez una imagen cerebral comprobara o refutara la existencia de una mente. Su respuesta negativa está basada en que ni los médicos ni la sociedad están listos para expresar, en una especie de *neocartesianismo*, "tengo activación cerebral, luego existo".

De algunos objetos, personas o hechos, solo podrán observarse restos, relatos, constancias escritas u obras desplegadas en diversas formas por los artistas. Inclusive hay intentos de estudiar los **protocerebros humanos** en una abnegada especialización: la **neuropaleontología**, nuevo miembro del *universo neuroTodo*. Es aproximadamente similar a lo que hacía Franz Joseph Gall, pero sin el beneficio de conocer al ex poseedor del cerebro, cosa que él sí tenía. Sus sucesores modernos en cambio cuentan con las posibilidades de la realidad virtual, que Gall ni siquiera imaginaba.

Como ejemplo de las dificultades que implican la exploración del pasado, citaré el recuerdo de un excelente profesor de historia del colegio secundario quien alentaba divagaciones acerca de hechos históricos destacables y sus protagonistas. Nos urgía a leer entre líneas, imaginando y dudando. Planteaba como ejemplo el encuentro de Guayaquil entre San Martín y Bolívar, considerado un misterio. No se sabía por qué Don José abandona la campaña libertadora. Nos daba una respuesta posible interpretando el contexto histórico: no tenía un gobierno nacional que lo respaldara (el hombre y sus circunstancias). Advertía que era sólo una de las tantas interpretaciones posibles, dado que no existían constancias de lo hablado. Como buenos adolescentes, imaginábamos otros diálogos y circunstancias; algunos cómicos, desopilantes, otros por respeto irreproducibles, aunque posibles. ¿Le diría nuestro venerado Don José a Don Simón, que estaba harto de andar a caballo, tener frío y comer charqui? ¿Qué se dirían realmente San Martin y Remedios de Escalada en las pocas ocasiones que compartían el lecho? ¿Don José saldría relajado y con ánimo de cruzar Los Andes y guerrear en tierras lejanas o, tal vez frustrado, preferiría no alejarse más, o ninguna de las dos cosas y entonces se pondría a pensar en cómo educar a Merceditas? Ciertamente, todas esas conductas, fruto de nuestra irrespetuosa imaginación juvenil, eran humanamente posibles, tenían el mismo valor conjetural, la misma fragilidad, pero no tanto fundamento como la ofrecida por el profesor.

Eterno juego entre posibilidad y probabilidad que en el fondo apunta a la causalidad y esa determinante presencia de las circunstancias con sus condiciones necesarias y/o suficientes. Reflejan la dificultad intrínseca de responder las mismas preguntas que tal vez se formularon Santo Tomás, Darwin, Newton, Einstein, Bohr e incluso Schröedinger, que inventó un gato dentro de una caja, que no está ni vivo ni muerto.

Hoy tenemos excelentes escritores y guionistas que nos enriquecen con las llamadas novelas históricas y algunas hermosas series de TV. Parten de un hecho constatado, pero dan vida a los personajes imaginando, poniendo en sus bocas deseos, intenciones y aún sentimientos que simulen la realidad. Son versiones tan válidas como las que trabajosa, penosamente, van armando los historiadores profesionales, que escriben para describir y luego borran para reescribir a la luz de algún documento previamente desconocido u olvidado. Más tarde interpretan, debaten sobre la autenticidad y validez del mismo o la veracidad que aporta.

A fin de cuentas, los historiadores son investigadores de las vidas pasadas, de lo que ha quedado de ellas. Crean a partir de esos datos un relato con una lógica y reglas particulares.

Los científicos hacen cosas similares según un método particular que exige experimentos, resultados reproducibles por otros investigadores, valor predictivo y posibilidad de refutarlos cumpliendo con la **falsabilidad popperiana**.

Los artistas son también, a su modo, investigadores. Se dedican a explorar un territorio de múltiples lenguajes, muchos de los cuales anidan en su interior. Su capacidad de conocerlos, manipularlos o ser manipulados por ellos, da vida a su creatividad exteriorizada maravillosamente gracias a su maestría. Son seres privilegiados que merecen singular respeto, a los que sugiero recurrir cuando perdidos, abrumados en el laberinto de la complejidad, quedamos atrapados, paralizados.

El comienzo del presente capítulo cumple con el objetivo de señalar una tarea humanamente ímproba, inacabada, tal vez inacabable, como es conocer, razonar y explicar la existencia de nuestros semejantes. Tarea que implica explicar su devenir, obras, conductas y más radicalmente conocernos y explicarnos a nosotros mismos realizándola.

Se asemeja a una segunda introducción en tanto estimo imprescindible tener presente el derrotero de la biología esbozado en los capítulos I, II y III y el de las humanidades del capítulo IV. Serán el basamento que permita analizar los componentes **neuro** y **todo**. Podrán así detectarse fortalezas y debilidades separadamente o en su síntesis, origen de las críticas y advertencias que formulo. Esto no implica desestimar las virtudes y ventajas del conocimiento de *lo neuro apropiadamente usado*.

Precisamente la preocupación motivo de esta escritura crítica, parte del uso indebido y tendencioso de las neurociencias.

CAPÍTULO VII

La Era

Es difícil, a veces arbitrario definir una era. Generalmente se establecen aproximadamente tanto el comienzo como el fin, a partir de hechos puntuales relevantes. Los historiadores lo hacen buceando en archivos interdisciplinarios, descubriendo a veces inclusive hechos o circunstancias que la presagiaban. Del mismo modo la extinción no es abrupta. Siempre se construye sobre algo ya existente y se de-construye sin necesariamente desechar las partes. Una visión más aproximada, que favorezco, es la de ensamblado y re-ensamblado. Si no hay nada nuevo bajo el sol y nada se crea ni destruye, luego todo se transforma. Esta postura parece tener asidero. La creatividad que da lugar al progreso, en el fondo no es más que un ensamblado útil nuevo y original de elementos ya existentes. Muchas de las empresas informáticas llamadas unicornios lo atestiguan. También se dice que todo pensador importante pudo ver más lejos por estar sobre los hombros de sus antecesores.

Los cambios se dan cuando la acumulación de cualquier elemento sobrepasa el punto de equilibrio. A esa acumulación se le llama masa crítica. Se da en todos los órdenes, desde la física hasta la sociología. Ese sería el comienzo visible de una era, un pequeño cambio movilizador, que cual catalizador precipita el proceso.

En el caso de la **era del neuroTodo** existen dos desencadenantes: las neuroimágenes y la neurociencia.

Las neuroimágenes

El hombre, animal óptico por excelencia, logra traducir en imágenes una multiplicidad de fenómenos y objetos habitualmente no visibles.

Lo hace con la ayuda de tecnologías actuando como prótesis auxiliares. Entre sus logros construyendo imágenes figuran la estructura y fisiología del sistema nervioso, por ejemplo la histología hasta el nivel nano, la electrofisiología con el electroencefalograma (EEG), los potenciales relacionados con eventos (potenciales evocados) y la electromiografía (EMG). Todos estos métodos de estudio, con variantes cada vez más sofisticadas, forman parte del universo de las **neuroimágenes**.

El gran salto

El concepto y la denominación de "caja negra" o el más vulgar de "unidad sellada" en referencia al cráneo, continente de la parte principal del sistema nervioso, habla a las claras de la limitación para su conocimiento en vivo y de forma no invasiva.

En 1970 Allan MacLeod Cormack y Godfrey N. Hounsfield desarrollan e introducen la tomografía axial computada (TAC). La trascendencia de este hallazgo la da que obtuvieran el premio Nobel en 1979. Habían logrado hacer visible lo invisible con el aditamento de ser un procedimiento inocuo, rápido y no invasivo.

La esencia de su descubrimiento partió de la idea de que haciendo atravesar un objeto sólido por una forma particular de energía moviéndose controladamente alrededor del mismo y registrando la magnitud con que llegara al lado opuesto, se podrían reconocer las inhomogeneidades en su interior. Esto se logra por un cálculo complejo que correlaciona la magnitud de energía de la fuente, la de la llegada al lado opuesto, para cada movimiento en un arco de circunferencia. El uso de ordenadores facilitó e hizo posible la tarea.

El experimento inicial fue realizado con un riel y un vagoncito plano de un tren eléctrico de juguete. Sobre el vagón se montó un plato de tocadiscos con su motor. Como emisor de energía se adaptó un florero hecho de plomo moldeado en un florero original con un pequeñísimo orificio en un costado. En su cavidad se puso material radioactivo. Sobre el plato del tocadiscos se colocaron clavos parados distribuidos sobre la superficie. El experimento consistió en hacer pasar el vagón con el plato y sus clavos girando por delante del florero y registrando la radiación en el lado opuesto alineado con su orificio. Así se pudo ver que la radiación era interrumpida por cada clavo, pudiendo de ese modo calcular su ubicación y cantidad. La imagen obtenida corresponde al plano producido por el tamaño de la fuente emisora, en este caso el agujerito del florero. De este aspecto viene la denominación de tomo como un corte o tajada del objeto.

Me he detenido en esta descripción pues de este experimento y el concepto de tomo/corte/tajada parte todo lo que vino después.

Se adoptaron otras fuentes de energía como los rayos X colocados en el exterior o el uso de emisores de energía naturales o administrados pero que parten del interior del cráneo. Rápidamente se mejoran los diseños originales y se acortan los tiempos del estudio. Las primeras TAC de cráneo llevaban alrededor de 30 minutos y el movimiento del sujeto era un inconveniente. En la actualidad se lo puede hacer en unos cinco minutos o menos, la información se guarda digitalizada haciendo posibles reconstrucciones en cualquier plano y 3D.

Por la demanda de la neurología y la neurocirugía que venían lidiando con desentrañar el contenido del cráneo en forma no invasiva y precisa, este método creó un antes y un después. Se comenzó a hablar de neurología pre-tomográfica y neurología post tomográfica con confirmaciones y también descubrimiento de falacias. Un prestigioso neurocirujano, Paul Bucy, editor del *Surgical Neurology*, le dedica un editorial salteando las normas de la revista. Lo hace mostrando una de las primeras imágenes cuya obtención presenció. Justifica la excepción diciendo que era el descubrimiento más importante de nuestro tiempo, que cambiaría todo y que debía ser divulgado de inmediato. Presagiaba una **nueva era**.

Con rapidez la idea es tomada en su esencia y desarrollada más allá de lo imaginado inicialmente.

En 1980 Peter Mansfield y Paul Lauterbur introducen la resonancia nuclear magnética (RNM) que permite mayor detalle sin necesidad de utilizar radiación de ningún tipo. También son galardonados con el premio Nobel en 2003.

En 1990 se desarrolla la resonancia nuclear magnética funcional (RNMf) que en un nuevo salto permite obtener en tiempo cercano al tiempo real y en forma no invasiva imágenes del cerebro realizando tareas de creciente complejidad. Parecido desarrollo y momento tiene la tomografía por emisión de positrones (PET).

Por la misma época de los años ochenta se actualiza la idea de detección de la actividad cerebral según los campos magnéticos que crea el pasaje de los impulsos eléctricos generados por las neuronas. Esta idea la desarrolla David Cohen en 1960, pero por las dificultades técnicas insolubles en esa época debe esperar veinte años hasta que se resuelven con una ganancia adicional consistente en la reversión del proceso. Así pueden estimularse con razonable precisión y de forma inocua diferentes estructuras. Conocer su funcionamiento e inclusive modificarlo, de allí su utilidad terapéutica: la magnetoencefalografía.

En resumen, ahora podemos aventurarnos sin riesgos dentro de la caja negra. Ver qué sucede, cuándo y en relación con qué. Podemos preguntar sobre el porqué y el para qué. Sin embargo aún carecemos de respuestas o imágenes que nos revelen el *cómo es que*. Podemos andar y avanzar con herramientas cada vez más poderosas, eficaces y eficientes. También podemos indagar sobre aspectos tan complejos de la conducta humana de modo tal que es fácil y tentador pensar que estamos cerca de materializar la mente y su funcionamiento al visualizar el cerebro. Ciertamente una posibilidad que permanece solo como tal, pues a mayor conocimiento crece paradojalmente el conocimiento de lo ignorado.

Las neurociencias. La neuropsicología

Con estas herramientas y esta propuesta crece y adquiere notoriedad la neuropsicología moderna entendida como la interdisciplina abarcadora del universo *neuro*. Participante fundamental de esta era como lo demuestra que en 2010 ya se publicaban 382 artículos, más de uno por día, cifra que ha ido creciendo.

La década del cerebro y las décadas siguientes

Este tremendo desarrollo y sus posibilidades despiertan un interés acorde entre los gobiernos de naciones desarrolladas y grandes grupos económicos. Lo hacen con diversos fines pero concurrentes en la posibilidad de que a mayor y mejor conocimiento cerebral, mayor y mejor conocimiento de la génesis de las conductas humanas. Consecuentemente se tendrá mayor previsibilidad junto con mayores y mejores posibilidades de manipularlas. Esto último parece el punto clave y motor del interés, no siempre confesado. Se lo ha descripto como "la preocupación temprana por el control del cerebro" que aparece en la década de 1960/70.

La década del cerebro se concreta en los años 1990 con una inversión multimillonaria del gobierno de George Bush, continuada en 2013 por Barack Obama con el Brain Working Group que se proyecta hasta 2025 en Estados Unidos y el European Brain Project en 2013 denominado Human Brain Project (HBP).

Otros países como China, Rusia, Australia tienen proyectos similares en los que vuelcan enormes recursos económicos y humanos. Bajo este amparo toma vuelo y se consolida inicialmente lo *neuro* como **Era** y, al difundirse, se extiende al *todo*.

Las consecuencias. Crítica general

No es lo mismo cambiar de dioses que volverse ateo.
R. Rodulfo

Si el universo funciona en forma determinista, sigue siendo un problema abierto.
D. Ofstaedter

Vemos aparecer, más bien somos atosigados, con aparentes explicaciones de conductas humanas que van de las preferencias sexuales, políticas y religiosas, a la elección de un sabor de helado, la tintura para el cabello o el funcionamiento de la economía. Todas son presentadas como justificables científicamente por los disparos de algunas neuronas que nos gobernarían inflexiblemente, lo sepamos o no. Posible pero no probado.

Se desliza de este modo la ciencia que va en camino de convertirse paradojalmente en su antagonista histórica: la religión. La ciencia y su método, sin ser el único camino posible al conocimiento, puede alegar la virtud de carecer de una ideología determinada y tener por objetivo el conocimiento en sí mismo, puro y lato. Alegato interesado de inocencia.

Los científicos, por el contrario, seres humanos al fin, pueden tener ideologías, ambiciones e intereses con los que guían sus investigaciones. Las tecnologías adicionalmente entrañan el peligro de que los sujetos creadores/desarrolladores, cuando las materializan, lo hagan en función de algunas de esas ideologías y o de los diversos intereses en juego. Dicho de otra manera, es más probable que se desarrolle aquello que produzca réditos según valores o reglas de mercado. El financiamiento a su vez, puede direccionar la investigación y el desarrollo según su origen. Lamentablemente en el libre juego de oferta y demanda se ha llegado a extremos indeseables como en el campo de la salud, considerando a la misma como un producto más de mercado. La pandemia del coronavirus con su demanda de insumos médicos y en particular las vacunas con sus patentes lo han puesto al descubierto.

Es verdad que los descubrimientos y lo que surge de ellos puede ser valorado como neutro o indefinido en términos de buenos o malos, beneficiosos o perjudiciales, mas no así su uso y aplicaciones. Aquí reside la paradoja de ensalzar la ciencia pura e independiente por un lado e ignorarla según los fines e intereses del usuario-consumidor o del productor-vendedor. El ejemplo de la dinamita es bien conocido, pero no el único. Su creador, en un intento reparador por el mal uso, crea un premio que lleva su nombre: Alfred Nobel.

El planteo de neutralidad es artificioso, ya que en todos los casos la indefinición del valor se remonta al origen, pero es inaplicable a sus derivaciones, que tecnología mediante se producen, venden y utilizan con consecuencias que en muchos casos no nos pueden ni deben resultar indiferentes. No obstante dichas consecuencias negativas suelen banalizarse como "efectos secundarios o indeseables" o, peor aún, como "daño colateral".

En el terreno de **lo neuro**, descubriremos por ejemplo que los aportes de las neurociencias son hábilmente utilizados con notable éxito en el mundo de la economía. Lo ilustran muy bien las publicaciones de Daniel Kahneman, John Brockman, y tantos más. Por el contrario, aportes con la misma orientación *neuro,* pero orientados a aspectos de las conductas humanas menos interesantes para el mercado, como podrían ser la salud mental en general, su relación con la génesis o consecuencias de los cambios sociales y culturales, van a la zaga en comparación con los dedicados al marketing y la publicidad.

Mi explicación para tal desfasaje en particular, pero generalizable, es que los economistas manejan y se manejan exclusivamente con números, sus símbolos y su lógica propia, lejos de lo característicamente humano; en tanto se utilice ese lenguaje y se respete esa lógica, los datos son válidos y útiles independientemente de lo que representen o a qué se apliquen. Ganancias o pérdidas, por ejemplo, son expresadas en valores numéricos muy útiles para evaluar y juzgar la performance de entidades como serían la industria, el comercio, el agro, las entidades financieras, el presupuesto. Pueden ser exactos, reflejar la realidad, pero carecen de vida, de valores humanos. No representan realmente a aquellos que les dieron origen: seres humanos. Paradojalmente son sustanciales para su existencia pero no pueden ser cuantificados con certeza. Pertenecen más al mundo de lo cualitativo en el que afectos, emociones, verdad, moral, ética son prioritarios. Por lo tanto la asimilación de los unos en los otros es forzada sino imposible y muchas veces incorrecta o falsa. No existen cosas tales como mercados que sienten, tienen miedo o están esperanzados y entonces "reaccionan". Son las personas las que lo hacen calculando, especulando y a veces coincidiendo. Tampoco existen 3.35% de personas, en x condición, como si fueran fraccionables en tajadas. En todos los casos se pasa por alto que estamos observando, estimando, valorando, seres humanos, sus conductas individuales o en sociedad, espontáneas o dirigidas, cambiantes y aleatorias.

Lo hacemos con un propósito; por lo tanto no es correcto alegar inocencia o referirse a la frialdad de los números como valor de realidad y verdad, se los use para lo que se los use. Solo garantizan la corrección del cálculo.

Lo que suele generar controversias de fondo, haciendo más complejo este asunto, es precisamente la dualidad bueno/malo, virtuoso/perverso, es decir, la ética.

Algunos autores tienen en cuenta estas limitaciones cuando reconocen el fenómeno del cisne negro o los dilemas. Puede ser tan importante cuando algo inesperado sucede, como cuando no sucede lo esperado. Imprevisibilidad en el primer caso, difícil cuantificación y cálculo en el otro. No es casual que mercaderes y políticos apelen a ellos exculpatoriamente.

Entre los dilemas, uno muy divulgado por ser quizás el más ilustrativo, es el llamado "del tren o el tranvía". Consiste en plantearle a un sujeto la elección entre detener o desviar dicho vehículo, a costa de una muerte, pero en beneficio un número mayor de posibles víctimas en caso de continuar su curso. Puede igualmente no hacerlo; debe optar. El dilema plantea la disyuntiva de tener que ponderar cuantitativamente una acción con su ética enfrentada con su moral. Entran aquí en conflicto dos campos que creo realmente no pueden ser asociados, moral-ética y cálculo aritmético. El resultado que arroja el experimento teórico es una dispersión de valores que se atribuyen a variables individuales y socioculturales de cada sujeto. Se puede incrementar la dificultad planteado otras alternativas. En algunos casos me parece que este tipo de experimentos es perverso y estresante y sus resultados no aportan mayores precisiones sobre lo que le sucede a un ser humano en ese tipo de circunstancias ya que lo reduce a un mero cálculo estadístico de probabilidades que supuestamente representarían lo que lúcidamente dijo Ortega y Gasset: "yo soy yo y mis circunstancias". La estadística invisibiliza el yo individual, por lo tanto no va al fondo de la cuestión. Quedan expuestas sin resolver cuestiones relacionadas con la toma de decisiones, el libre albedrío, la responsabilidad, la empatía, el altruismo, la moral y la ética. Su interés y valor radica en abordar experimentalmente una conducta humana sumamente compleja, sin recurrir a inferencias y deducciones sobre hechos pasados; son su fortaleza y debilidad al mismo tiempo. Mide tendencias, respuestas probables según valores estadísticos, pero no tiene en cuenta historias personales, circunstancias de la situación real a imaginar, frente a las propias del laboratorio y del diseño experimental. No es de extrañar que en el mejor de los casos, solo puedan obtenerse valores aproximados, variablemente alejados del 100%. Una vez más la búsqueda del *por qué* o el *para qué* parece mostrar su flaqueza y deja en tinieblas al *cómo es que*. A pesar de ello, este dilema u otros parecidos han sido tomados como guía o modelo para investigar, conocer y explicar los mecanismos relacionados con la toma de decisiones, sin prestar demasiada atención a la advertencia de los propios investigadores de no tomarlas a pie juntillas ni como inamovibles. Son esos mismos investigadores quienes explican algunos de sus resultados por las dificultades y/o limitaciones peculiares de los humanos para pensar más apropiadamente ciertos problemas. Esta aparente discapacidad tendría que ver con no poder analizar y evaluar los estímulos conscientemente y pensarlos probabilísticamente.

Es aún más sorprendente que los valores numéricos de esos resultados, sean trasladados luego a gráficos y curvas utilizados para tratar de convencernos de coincidencias científicamente demostradas con lo realmente existente. Sus valores nunca son el 100% con el cual cualquier ítem estudiado sería considerado absolutamente predecible y reproducible. Nos conformamos con cifras superiores a 50% y satisfechos cuando se acercan al 90%, cosa que pocas veces sucede. No sé qué significa realmente ser o tener 51% de cualquier cosa, valor aceptado como punto de quiebre por ser la mitad más uno, cuando queda un 49% para nada despreciable, menos en un tema complejo e importante. Ni siquiera un valor de 95% hace despreciable al 5% restante.

Por otra parte, no parecen surgir claramente de esta línea experimental evidencias acerca de las neuronas o los circuitos responsables de ese tipo de procesamiento-pensamiento.

Las modernas neuroimágenes muestran qué sucede en el cerebro en esas circunstancias, pero no alcanzan a darnos la información precisa para conocer y explicar *cómo es que* se hace ese tipo de tareas.

Los profesionales de la salud, políticos, economistas y militares, nos enfrentamos con dilemas similares cuando lo que está en juego son vidas humanas. Es inconmensurable el estrés a que son sometidos aquellos que realmente deben decidir quién se salva y quién muere ya sea por mandar un batallón al combate, gobernar gestionando recursos necesarios pero insuficientes para la subsistencia o seleccionar pacientes a quienes proporcionarles el tratamiento adecuado en base a criterios que vulneran los derechos humanos de otros. En la génesis del estrés están la incertidumbre, la ignorancia y el miedo al error y su castigo. La neurociencia y las matemáticas son entonces aferradas como puntos de apoyo no cuestionable y exculpatorio. Por supuesto que no todos lo sufren de igual modo, dependiendo de su propia manera de ser y de sus circunstancias. Esta es también una de las investigaciones pendientes y a la zaga. A veces es preferible mantener una cierta ignorancia.

Un economista, Juan Carlos De Pablo, comentando sobre un concepto de otro colega (Nicholas Kaldor) dice: "La realidad surge de una tensión continua entre las novedades que modifican la situación previa y la transitoriedad de cualquier situación de desequilibrio. Enfatizar el equilibrio no ayuda a entender la realidad, particularmente en sectores dinámicos o en situaciones volátiles".

Me parece que la realidad de la vida es esencialmente dinámica y volátil y por lo tanto su reflexión me pareció doblemente útil por provenir de economistas generalmente muy interesados en llegar al meollo de la toma de decisiones.

Notable que otros investigadores y economistas intenten aplicar a algo tan cambiante como las conductas humanas, aquello que no parece funcionar del todo bien para la economía, a pesar de manejarse con números y cálculos. La respuesta que comparto con algunos autores es que en realidad la economía está más vinculada con la psicología que con las matemáticas, de allí cierta inexactitud e imprevisibilidad.

Como investigadores, fatalmente usamos la estadística como herramienta, aceptando que en un universo de datos ¿infinito? es lo mejor que tenemos y se aproxima aceptablemente a una realidad variable y cambiante. Es lo que hay, se diría en lenguaje vulgar, el mismo que usaba para expresar algunas dudas Mark Twain, que las atribuyó a Benjamin Disraeli: "Hay tres clases de mentiras: mentiras, mentiras malditas y estadísticas".

Otro aspecto de lo que considero un equívoco, depende también de tomar las matemáticas como criterio de verdad, realidad y no como garantía de la corrección del procedimiento utilizado en la mensura de lo tangible.

Finalmente los datos son coleccionables e interpretables por seres humanos con todas las posibilidades de aciertos y errores que ello implica. Muestreo y sesgo son aspectos a ser escrutados cuidadosa y atentamente, tanto como el cálculo y la interpretación. Correlación no necesariamente significa causalidad y tal como expresaba hacen ya bastantes años Vladimir Hachinsky, editor del *Archives of Neurology*, "hay cosas que son lógicas pero no son ciertas", cuando analizando un muy importante estudio, uno de los resultados probaba que el tratamiento, contrario a lo que la lógica y el razonamiento consideraban ideal, brindaba mejores resultados que el tratamiento ideal anticipado como el mejor.

El relativamente novedosos criterio de "basarse en las evidencias" convertido en una especie de marca registrada de calidad semejante a las normas IRAM, demostró tener una falencia de base humana, como es la selección por parte del investigador de lo que considera evidencia, el tamaño del universo bajo estudio, la representatividad del tamaño de la muestra, la relación entre ambos y todo lo que hace al llamado poder estadístico. La posibilidad de estudios multicéntricos, gracias al desarrollo de la informática y las comunicaciones ha demostrado las flaquezas de muchos dogmas existentes. Los meta análisis suelen descartar la mayoría de los estudios previos por falencias metodológicas insalvables. No obstante vamos mejorando y no debemos caer en el gracioso error de arrojar al bebé junto con el agua sucia del baño. Vamos haciendo surcos donde sembrar.

La inducción intencionada de pensamientos o ideas, desde mi punto de vista volcado en este libro, puede considerarse como equivalente a propaganda. En otros ámbitos y con diferentes intenciones la llamaría educación. Son los diferentes ropajes con que la expresan sus productores/emisores para lograr su objetivo. En el caso de la propaganda a veces lo hacen para ocultar las verdaderas intenciones, sus puntos oscuros y así aprovechar la ignorancia del receptor del mensaje.

De este modo, apelando a las neurociencias, portadoras del conocimiento del cerebro, considerado en un reduccionismo extremo el órgano determinante exclusivo de nuestras decisiones, y a las matemáticas como criterio de veracidad, exactitud y realidad, se intentan justificar los más variados mensajes. Se los presenta y re-presenta avalados por las ciencias que estudian al primero y el cálculo estadístico que le da certeza numérica y amparados bajo el manto protector del bien común con el objeto de informar, asesorar y educar al soberano.

Este proceder puede llevar en la práctica a la construcción de falsas creencias, más cercanas al acto de fe o al pensamiento mágico que a la razón y el buen juicio.

En este mismo terreno aparece otra distorsión, la falacia de apelación a la autoridad. Quien emite el mensaje lo justifica poniendo a otro sujeto, poseedor de una autoridad respetada e indiscutible, como el generador del mismo. La literatura es una de las varias maneras lícitas de hacerlo, por cuanto es total o parcialmente ficción explícita. Jorge Luis Borges y el británico Ian McEwan, entre muchos otros, son buenos ejemplos.

Paulatinamente, al emerger las neurociencias consideradas como fuente única de razón y verdad para conocer las conductas humanas, aparece el uso del prefijo **neuro**, agregado a cualquiera de dichas conductas o actividades, incluyendo la de investigarse a sí mismo. Olvidamos que aún somos ignorantes de la mayor parte *de ese extraño bucle* como lo llama Oftsaeder.

El uso abusivo y en exceso de ese prefijo es lo que considero un grave error, en particular cuando cae en manos de divulgadores de todo tipo y variadas intenciones, aunque no son los únicos.

La realidad, el mundo de lo dado, su observador y el vínculo entre ambos, son lo suficientemente complejos como para encasillarlo y simplificarlo a la ligera.

Tanto los buenos investigadores, como aquellos otros sujetos llamados pensadores, parten de reconocer lo que ignoran y, aún en sus mejores producciones, dejan abierta la posibilidad de que sean puestas en duda, contrastadas y aun superadas. Lo peor que puede suceder es ser ignorantes de nuestra ignorancia. En realidad es mucho más lo ignorado que lo sabido y a pesar del avance, vamos en pos de un horizonte borroso que siempre se aleja. La incertidumbre nos motiva, pero también nos agobia y nos angustia.

Somos tentados por la acumulación de nuevos conocimientos, que ilusionan con achicar la brecha y acercarnos a algunas ansiadas respuestas. Si la vida es un transcurrir cuyo sentido ignoramos, lo importante entonces es el camino, más que la llegada a una supuesta meta.

Esta incertidumbre esencial, en el fondo tiene que ver con dicotomías tipo conocido/desconocido, aparente/oculto, verdadero/falso. Tenemos la tendencia a poner en el centro una de las dos opciones para excluir relegando a la periferia la otra. La deconstrucción nos señala que esta acción no es estable, ni única y que fatalmente se dará en algún momento lo opuesto. *Corsi e ricorsi*. La oscilación entre extremos pone en duda los absolutos. En estadística se lo puede apreciar muy bien al estudiar un conjunto de datos según su distribución en frecuencias o en categorías. La búsqueda del justo medio es un desafío casi imposible de cumplir en un sistema dinámico, del mismo modo que definir causalidades en base a correlaciones, pone en juego nuestra calidad de observadores/ investigadores y la transitoriedad de nuestras valoraciones según el punto de mira del momento.

La negación o la aceptación acrítica son las moradas posibles que ofrecen los observadores ingenuos o ignorantes, donde podrá alojarse el *neuroTodo*.

Los divulgadores e inclusive algunos investigadores tratan de mostrarlo como el portador del progreso. Creen que en él reside la brújula o la llave maestra para guiarnos a la comprensión final. Se parecen al *homo deus* de Harari, sin darse cuenta de que por el contrario, son la duda y la curiosidad las que impulsan en búsqueda de utopías o del horizonte, que como decía Eduardo Galeano, sirve para que nos movamos persiguiéndolo en su eterno alejarse. En el fondo podría ser espantoso tener todas las respuestas y explicaciones ya que no nos quedaría nada por hacer; espanto similar al que expresaba Borges ante la posibilidad de la vida eterna haciendo siempre lo mismo. La quietud, el equilibrio final, van reñidos con la vida.

La crítica al uso abusivo de las neurociencias, el *neuroTodo*, hasta aquí esbozada junto a otras tantas, han dado sustento a preocupaciones como las señaladas por la *Responsible Research & Innovation* que supervisa el Brain Project europeo. Se refiere a las consecuencias éticas, legales y sociales de los siguientes desarrollos basados en las neurociencias:

- Mejoramiento o aumento cognitivo.
- Manipulación de la memoria.
- Lectura de la mente.

- Marketing.
- Predicción de enfermedades.

Para ilustrar al punto al que hemos llegado, la siguiente es una lista de las utilizaciones de *lo neuro* hasta ahora conocidas y en uso. No se incluye la neurología ya que de alguna manera y para algunos autores sería la ciencia madre de *lo neuro* de la que derivan todas las demás variantes:

Neuroeconomía	Neurociencias	Neurocomputación
Neuromarketing	Neuropsicología	Neuroarquitectura
Neuropolítica	Neuropsiquiatría	Neurogastronomía
Neuroética	Neuropedagogía	Neuroastronomía
Neuroestética	Neurolingüística	Neuropaleontología
Neuroteología	Neurosociología	Neuroliteratura
Neuroetología	Neuroantropología	Neurocrítica
Neuromúsica	Neurojurisprudencia	Neurofilosofía
Neurodatos	Neurobasura	Neurogastroenterología

Mis críticas al uso irrestricto del *neuroTodo* lo señalan por su exceso unidireccional, un reduccionismo excesivo y pueden sintetizarse en los siguientes puntos:

1. Rápido pasaje acrítico de las novedades científicas a la población en general por parte de divulgadores y publicistas, omitiendo los tiempos de verificación y validación que requiere la investigación científica.
2. Banalizar y simplificar erróneamente lo complejo. Vulgarizar. No basta con decir que un fenómeno es complejo. Se debe, al menos, mostrar en qué consiste dicha complejidad, si radica en lo observado o en las limitaciones del observador
3. Ignorar la ignorancia.
4. Fomentar el ego personal.
5. Apuntar a lo inconsciente sin conocerlo, reconocerlo y valorarlo apropiadamente.
6. No poder o saber decir "no sé".

7. Confundir información con conocimiento y ambos con explicación y comprensión.
8. Confundir enigma con misterio, cuando uno es pasible de resolución y el otro no.
9. Negar o desconocer ser agentes inductores de aprendizajes y de toma de decisiones.
10. No reconocerse como propaladores de creencias a ser seguidas como actos de fe.
11. Obturar la duda y el pensamiento crítico.
12. Rondar la idea determinista de un destino inexorable ajeno a la razón humana y al azar.
13. Ser muy adaptadores y muy poco liberadores.
14. Justificar la manipulación generando la creencia de que cierta difusión de información es equivalente a enseñanza o divulgación de conocimientos valiosos.
15. Subyacente a todo lo anterior y tal vez el punto más importante a tener en cuenta es la muy frecuente carencia de un marco ético adecuado y un firme apego a la honestidad entendida como la coherencia entre lo que se piensa, se dice y se hace.

Estas críticas se ven reforzadas por los **neuroderechos** como antídoto al **neuroTodo**, propiciados por Rafael Yuste y su grupo de investigadores, que también comparten las preocupaciones del RRI Europeo. Ambas coinciden con mis preocupaciones y críticas.

Los neuroderechos

1. **Derecho a la identidad personal.** Existe el temor de que al conectar cerebros a computadoras se diluya la identidad de las personas. Cuando los algoritmos ayuden a tomar decisiones, el yo de los individuos puede difuminarse.
2. **Derecho al libre albedrío.** Conectado con el anterior, cuando contemos con herramientas exteriores que interfieran en la toma de decisiones, la capacidad humana para decidir su futuro puede verse en entredicho.

3. **Derecho a la privacidad mental.** Las herramientas de tecnología que interactúen con los cerebros, tendrían la capacidad para recopilar todo tipo de información sobre los sujetos en el ámbito privado de sus pensamientos. Es entonces necesario preservar los **neurodatos** que generan los cerebros humanos.
4. **Derecho al acceso equitativo a las tecnologías aumentativas.** Esa tecnología traerá múltiples beneficios para los humanos, pero puede multiplicar la desigualdad y los privilegios a favor de unos pocos.
5. **Derecho a la protección de sesgos y discriminación.** Se conocen numerosos casos en los que los programas y algoritmos multiplican los prejuicios y los sesgos. Este derecho pretende que sus fallas se busquen **antes** de ponerse en marcha.

CAPÍTULO VIII

Críticas en particular

Cada uno de los breves comentarios críticos de los párrafos siguientes tiene como propósito despertar el interés y alentar a los posibles lectores en el estudio y conocimiento sin prejuicios de las neurociencias, pero facilitándoles a través de ellas una visión integradora, con sus limitaciones y sus inevitables ajustes y reajustes. Este es un largo recorrido que amerita un texto extenso dedicado a cada emergente del fenómeno *neuro*, incompatible con la brevedad de este ensayo. La lectura del número especial de la *Revista Española de Neurología* muestra la importancia y magnitud de la empresa, como así también sus dificultades.

Por ello he escogido limitarme brevemente a tres de estos campos de aplicación en base por ahora a su mayor frecuencia.

*Neuro*estética

> *La representación de la realidad vela con su artificio la realidad representada. No es una pipa.*
> René Magritte

> *El arte puede ser la realidad virtual de la naturaleza.*
> Vilayanur S. Ramachandran

> *Sueño mi pintura, luego pinto lo que sueño.*
> Vincent Van Gogh

En términos generales partimos de definiciones variables de arte y estética, lo que de por sí hace difícil sino imposible atribuir a una estructura o función cerebral supuestamente definida e invariable satisfacer la variabilidad del objeto de estudio. Por ejemplo, cómo hacerlo si definiéramos al arte, como algunos lo hacen, como la transmisión de emociones, conceptos o ideas sin la utilización de palabras habladas o escritas.

Añade complejidad y dificultades considerar el concepto de belleza teniendo en cuenta la dualidad de las sensaciones que lo sustentan. ¿Los cánones de belleza se objetivan en las áreas cerebrales detectadas como activas frente a la proporción áurea y los fractales, por ejemplo, o son diferentes emociones subjetivas desencadenadas por un estímulo único, particular o específico, invisibles para un observador de quien las contempla? El problema de las epistemologías en primera o en tercera persona.

No hay resultados concluyentes, peor aún, pueden ser contradictorios y no explican o no tienen en cuenta las diferencias entre sujetos conocedores, expertos o ignorantes.

Además, reduce el arte a los mecanismos neurales de la sensopercepción y de las praxias ejecutoras. Olvida la creatividad como fenómeno aleatorio proveniente del inconsciente, pero tamizado por experiencias, saberes, capacidades, motivaciones, deseos y afectos individuales así como necesidades, satisfacciones y posibilidades dentro de una cultura dada. Ignora lo humano de los humanos que le da esa impronta propia, personal a la obra. Parte de definiciones de arte, estética, poética, artesanía, maestría, belleza, que difieren notablemente entre autores y épocas.

Por otra parte, no puede definir qué cosa reside en el creador de la obra y en el observador, a veces admirador, otras, crítico de la misma. Tampoco puede definir esa relación perteneciente a un lenguaje particular, extraño para muchos, profundo e impactante para otros, productor de una comunicación variable, cambiante, que a su vez no puede definirse si fue deseada, buscada o no y que puede terminar en admiración o rechazo entre creador y observador. No explica, asimismo, la relación entre creación, inspiración, sus fuentes y la libertad.

Neuroética

> *Lo que pretendo no es lo que hago, ni el resultado de lo que hago. Moral de intenciones.*
> Yuval N. Harari

> *La libertad es una ilusión útil.*
> Alfred Wegener

La lectura de algunos filósofos como Nietzsche, Spinoza, Derrida y Deleuze, sumada a la de los llamados clásicos, muestra la variedad de puntos de mira, definiciones y contraposiciones que incluyen las ideas de moral, ética, los valores Bien y Mal, los modos de existencia bueno/malo, ley, culpa, castigo, justicia, las pasiones, la religión, la redención y muchos más. Resulta por lo tanto como mínimo dudoso y quizás imposible atribuir a un determinante biológico único, tal variedad de conceptos, ideas, definiciones y modos de vida. Un aporte fundamental en este terreno es el de Antonio Damasio, quien investigando neurológicamente pacientes con lesiones del lóbulo frontal, percibe que sus conductas trasuntan fallas en la toma de decisiones que en muchos casos consideraríamos poco éticas. En realidad lo que buscaba era una manera de profundizar el conocimiento sobre las emociones y los sentimientos como amalgama de la toma de decisiones. Por otro lado mira a Spinoza, quien de alguna manera contradice a Descartes al considerar que la mente y el cuerpo son manifestaciones paralelas de la naturaleza. Para Spinoza la mente humana es la idea del cuerpo humano. Intenta salir del dualismo de sustancia. Lo valioso del punto de mira de Damasio es que investiga neurológicamente pacientes con lesiones cerebrales diversas (en este caso frontales), su relación con las emociones y los sentimientos que habitualmente regulan las conductas de toma de decisiones frente a situaciones conflictivas (preponderantemente sociales) y que configurarían los principios éticos. Los mismos que postula y elabora Spinoza en su *Ética*.

Damasio señala que las lesiones frontales (ventro mesiales) producen una "miopía del futuro". Considera que las respuestas sociales innatas prefiguran un sistema ético simple y que hay diversas posibilidades para el surgimiento de principios éticos con el devenir del sujeto: negociaciones culturales bajo la influencia de emociones sociales; a partir de una profecía religiosa que fue entregada a un número de seres humanos elegidos, o de relatos religiosos y de la necesidad de crear una autoridad capaz de validar y reforzar normas éticas. También teniendo en cuenta que las profecías religiosas pueden suponer un origen sobrenatural, sería el profeta un mero vínculo para la sabiduría revelada. En todo caso y de ser así, sería necesario inculcar los principios al inocente niño en desarrollo con la influencia del castigo y el premio. Concluye que en cualquier caso, tanto considerando los principios éticos basados en la naturaleza o en la religión, el normal desarrollo de las emociones y los sentimientos en etapas tempranas es crucial para un registro apropiado en la memoria autobiográfica según los mismos confieran "bondad" o "maldad" a dichas experiencias. Pero advierte que las emociones y los sentimientos *por sí solos* no causarán la aparición de instrumentos culturales como los comportamientos éticos, las creencias religiosas, las leyes, la justicia, la organización política, a lo que debe sumarse la memoria autobiográfica y la conciencia extendida.

Desde mi punto de vista y en el interés de este ensayo, su conclusión a modo de advertencia es clave: "una justificación neurobiológica simple para la aparición de la ética, la religión, la ley y la política es difícilmente viable". Quizás lo sea en el futuro. Propone integrar la neurobiología con ideas procedentes de la antropología, la sociología, el psicoanálisis, la psicología evolutiva y con estudios de ética, derecho y religión.

En el punto de partida, por otro lado, surge la primera dificultad para decidir si hay una definición única de ética o múltiples según se consideren las áreas a las que se refiere. Los comportamientos éticos son un subconjunto de los comportamientos sociales no limitados solo a los seres humanos. Hay otras especies animales que los tienen. Lo mejor del comportamiento humano no se halla necesariamente bajo el control del genoma.

En el caso de la **neuroética** su definición aproximada sería el desarrollo de una filosofía de vida basada en el cerebro. No obstante aparecen dos opciones, una vinculada a los límites y reparos de los métodos de investigación en neurología y la otra vinculada a la relación cerebro/ética en sí. La historia de la neuroética es bastante reveladora y se inicia en 1984 en la Office of Technology Assesment y se oficializa en el 2002 en el Simposio de San Francisco auspiciado por la fundación DANA con el sugestivo título: Neuroethics: Mapping the field (Neuroética, Cartografía del Territorio). Señalan cuatro áreas:

I. Implicación de las neurociencias en el conocimiento de uno mismo y la responsabilidad.
II. Aplicaciones sociales que generan nuevos recursos para la salud y la educación.
III. Intervenciones terapéuticas a través de la práctica clínica.
IV. Discurso público y entrenamiento de la sociedad.

Estas áreas añaden variantes y dificultades al incluir posibles utilizaciones de los conocimientos de neuroética, para los cuales paradojalmente no tenemos definiciones claras y únicas ni sabemos con certeza el correlato cerebral. Por lo tanto:

1. Una conclusión inescapable es que no hay entidades cerebrales claramente delimitadas.
2. No hay un centro ni circuitos "morales" en el cerebro y ni siquiera está probado que aquellas estructuras que regulan comportamientos éticos estén dedicados exclusivamente a eso.
3. Centra la mayoría de sus explicaciones en la teoría de la mente o en el cerebro ejecutivo y los mecanismos de toma de decisiones, para los cuales la acción final sería la descarga de un grupo neuronal producido por un aumento de energía probabilísticamente determinado.
4. Resta valor a lo aleatorio.
5. Deja en suspenso el aprendizaje inicial a partir del apego, la construcción de un aparato psíquico con un yo que se conforta, que adquiere seguridad, certezas, ensamblaje en ese vínculo. De él surgirán patrones o guías que le darán seguridad para avanzar en el desarrollo frente al miedo/desconfianza original y preventivo.
6. Tiene dificultades para aceptar distintas éticas según la evolución y sus diferentes demandas socioculturales, sus imposiciones forzadas vinculadas al poder, la política y la religión, en especial si las consideramos partiendo de la moral individual.

7. Tiene dificultad para definir y explicar la libertad y el libre albedrío así como sus fallas.
8. Tiene dificultades o no puede definir y explicar conceptos como error, culpa, inocencia, delito, pecado y las acciones sociales vinculadas.
9. No puede decidir si somos movidos por las leyes de la fisicoquímica o por el inconsciente freudiano.
10. No da cuenta del circuito reverberante confianza-libertad-responsabilidad.
11. Ignora que los neurocientíficos no pueden hablar de "culpabilidad cerebral" (M. Gazzaniga) del mismo modo que el relojero no puede culpar al reloj por andar mal.
12. No mencionar la responsabilidad, sin negarla, por considerar o tratar al cerebro como una máquina automática.
13. Presumir erróneamente que la neurociencia puede leer la mente confiablemente creyendo que un patrón de actividad cerebral corresponde a una acción inevitable.

Validan la preocupación y el riesgo, lo expresado por Blakenmore en 1993 en su artículo "Neuroscience and the Media" (Neurociencia y los medios), en el que advierte: "Entre la ciencia y la sociedad están los medios de comunicación. Esta participación puede complicar y dificultar la necesidad de un diálogo responsable entre los científicos y la prensa". Para concluir: "¿cómo podemos formar ideas adecuadas, de donde brotan precisamente los sentimientos activos (cuando nuestra condición natural parece condenarnos a tener de nuestro cuerpo, de nuestro espíritu y de las demás cosas solamente ideas inadecuadas)?".

Nuevamente Antonio Damasio: "Dilucidar los mecanismos biológicos que subyacen a los comportamientos éticos no significa que dichos mecanismos o su disfunción sean la causa garantizada de un cierto comportamiento. Pueden ser determinantes pero no necesariamente determinantes. El sistema es tan complejo y multifacético que opera con cierto grado de libertad".

*Neuro*economía

> *Los números son reacios a comportarse satisfactoriamente como realidades.*
> Douglas Hofstadter
>
> *La economía como una teoría de la elección "la intencionalidad de los jugadores"*
> D. Worth

Aparece como disciplina universitaria en la Universidad de Duke, configurada de forma interdisciplinaria en un centro de estudios denominados **neuroeconómicos**. El objetivo era integrar la psicología cognitiva con la economía.

En 1997 se realiza la primera reunión conjunta entre neurocientíficos y economistas. Tiene lugar en la Universidad Carnegie Mellon, dura un año y se publican dos libros. Surge la idea de economía del comportamiento incorporando variables psicológicas diferentes de los modelos racionales de la economía clásica.

Un autor muy influyente es Daniel Kahneman, quien trabaja con la teoría de los juegos, la aversión al riesgo, la teoría de la perspectiva y en esencia una característica humana que lleva en situaciones de incertidumbre a no seguir los principios de probabilidad; algo así como una dificultad para pensar estadísticamente.

La importancia de este desarrollo es que puso en tela de juicio la tradicional idea de los economistas sobre los seres humanos como racionales que buscan satisfacer sus deseos según preferencias claras, firmes y estables. Reinhard Selten (Premio Nobel), viendo que esto raramente se cumple, habla de "racionalidad limitada". La realidad es cambiante, existen múltiples variables para cumplimentar la búsqueda de placer.

De la neuroeconomía surgen dos derivadas: la neuropolítica y el neuromarketing. La primera pretende atribuir a diferentes características de personalidad tendencias liberales o conservadoras, sin advertir que dichos términos suelen tener diferente significado en varias poblaciones. Del mismo modo presume el vínculo con los liderazgos como relaciones con figuras paternas y otras variantes como identidad de sexo, narcisismo, psicopatía y múltiples variantes de vínculos.

La segunda adquiere singular desarrollo a partir de Alan Smith (Universidad Erasmus) quien acuña el término en 2002, probablemente teniendo en cuenta el paso fundamental para estos estudios dado por la RNMf aplicada en Harvard por Gerry Zaltzman desde 1999. Sin embargo, había antecedentes en 1960 con estudios que medían tamaño pupilar, respuesta galvánica en la piel y el EEG. Todos tras lo que personalmente llamaría la fantasía de algo así como un disparador de compras ubicado en el cerebro.

Resumiendo:

1. Reduce todo a mecanismos bioestadísticos basados en cálculos y teorías probabilísticas extrapoladas de otros campos (teoría de los juegos).
2. Olvida miedo, codicia y todas las demás características de temperamento y personalidad, suponiéndolas originadas genética e inexorables. Las mismas determinarían la toma de decisiones según cálculos de probabilidades procesados en forma automática e inconsciente en la mayoría de los casos. Tampoco explica las idas y vueltas entre lo inconsciente y lo racional consciente.
3. Reconoce la aleatoriedad por un lado y por otro pretende que todo tiene valor calculable y resultado predictible.
4. Entra en contradicción cuando acepta los mecanismos inhibitorios para corregir, ajustar o detener repuestas, muchos de los cuales dependen de aprendizajes socioculturales frente a la inmediatez instintiva. Por ejemplo las reacciones de los financistas, hombres de negocios y ciudadanos de a pie, que por desconfianza en las noticias y cálculos proporcionados por gobernantes y expertos toman decisiones inesperadas.
5. Acepta pero no explica las paradojas, los dilemas o el cisne negro.
6. Rinde culto a las matemáticas y las estadísticas, pero reconoce por otro lado que la economía, siendo la ciencia de la administración de recursos, tiene más que ver con la psicología.
7. Las matemáticas no son una ciencia sino el lenguaje de la ciencia.

Cierre a modo de epílogo

> *En el universo de Newton el reloj*
> *implica al relojero.*
> Voltaire

Este ensayo señala a modo de crítica algunas de las medias verdades como el obstinado determinismo y el mecanicismo ligado a la biología usados como sustento principal de **lo neuro**, junto a la escasa representación y valoración de las otras explicaciones e hipótesis existentes igualmente valiosas. Un reduccionismo brutal. Las dificultades para definir claramente el objeto de estudio, dada su complejidad y múltiples facetas junto a su característica de plasticidad y cambio constante hacen a la tarea más difícil, pero también tentadora, necesaria y, parafraseando a Santiago Kovadloff, *imprescindible*. Señalar errores no significa abandonar ni desechar todo, sino mejorar nuestra metodología.

En líneas generales se ha pecado al fijar en exceso una mirada acotada, limitada, única, sobre el conocimiento en general o aplicado a cualquier campo. Se lo hace sin tener en cuenta que tanto el universo como el observador del mismo, son entidades estructuralmente muy complejas, con funcionamiento-conductas multideterminadas, fluctuantes y cambiantes. De ellas es más lo que ignoramos que lo que sabemos.

Lo criticable es una actitud monótona, unidimensional e insistente, como la del que por poseer un martillo, todo lo que ve son clavos.

Los señalados son los defectos evidentes por ahora. Es posible sean muestra de un defecto único con diferentes manifestaciones producto de las limitaciones humanas. Cabe la posibilidad esperanzada de que la evolución, plasticidad mediante, corrija este defecto. También cabe que surjan otros seres con nuevos y diferentes problemas para resolver, o por el contrario una catástrofe planetaria los haga desaparecer junto con sus problemas, enigmas y misterios. Podríamos ser nosotros mismos que no lo advertimos por estar y ser acelerados a un presente efímero, un futuro que se escurre por allí y un pasado que no podemos consultar. Como sugiere Jean Baudrillard, la información precede al hecho y por lo tanto estamos frente a la ausencia de hechos a registrar, analizar, sopesar. Solo tenemos virtualidad.

También como discurre Benasayag, para muchos investigadores en neurociencias, el sentimiento mismo de ser yo es una ilusión creada por el cerebro que sirve a ciertos fines, pero que no posee una realidad en sí. Entonces los problemas que creíamos psicológicos y subjetivos, pero también morales y sociales deben ser comprendidos como desperfectos, desarreglos de un órgano complejo pero cuyo funcionamiento se basa en leyes simples y la física. Hipótesis interesante pero con aspectos refutables. Invitación a seguir andando y dudando. Esto se ha desarrollado en eso que he dado en llamar una era, la del neurotodo. Continúa Benasayag señalando que esto ocurre en un momento en que la creencia en el futuro, las promesas historicistas y teleológicas de un mundo venidero perfecto han caído una a una. Mundo de desencanto donde la tecnología ocupa antropológicamente un lugar que rara vez nos detuvimos a pensar. Reemplaza las desgastadas utopías. Regresamos a Galeano y el correr tras el horizonte, quizás una forma poética de llamar a las necesarias utopías. Nos motivan las mismas ideas, razones y preocupaciones.

Considero aventurado e injusto presumir como deliberadas y aviesas las intenciones de los creadores de todas las variantes de **lo neuro** al igual que las de sus divulgadores. Lo mismo puede decirse de los intereses que los mueven. No obstante, me atrevo a afirmar que su uso tiende a generar aprendizajes no siempre beneficiosos y eso no es invariablemente inocente o ingenuo. El peligro radica particularmente cuando este aprendizaje no es guiado por el estudio, el pensamiento crítico y la ética apropiada.

En la era de la realidad líquida, la globalización, la posverdad, las *fake news*, los influencers, los infomerciales, la física cuántica, la realidad virtual, el privilegio de la velocidad y la inmediatez por sobre la pausa y la reflexión o de la razón sin "corazón" (afectos), es más necesario que nunca ser muy cuidadosos en aceptar acríticamente todo lo que está en las pantallas o se nos vende "predigerido". Podemos perder nuestra identidad, nuestra libertad sin percibirlo y mañana puede ser tarde.

✳ ✳ ✳

Mar del Plata, 24 de marzo de 2020. Plena cuarentena por la pandemia del Covid-19, cuando infinidad de divulgadores pretenden hacer culto del cisne negro como lo impensado o lo impensable, negando que algunos hombres de ciencia, un creador como Bill Gates, un estadista como Barack Obama y unos pocos más, sí lo habían pensado y advertido, pero otros ocupados adorando al becerro de oro y adormecidos por el **neuro-Todo**, no se enteraron. Lo impensado no es necesariamente impensable, y el hombre fantásticamente puede pasar de lo uno a lo otro sin saber ni siquiera él mismo cómo y por qué lo hace. Conocer, explicar, comprender y saber esto, es una tarea que ha tenido ocupados a muchos desde el comienzo de los tiempos. Estas páginas están dedicadas ahora para los jóvenes inquietos y curiosos que intenten correr el límite una vez más, cabalgando sobre los hombros de los mayores cuya experiencia no debe ser desechada ni olvidada.

BIBLIOGRAFÍA

La bibliografía seleccionada es una muestra necesariamente limitada de mis lecturas personales, que junto con el ejercicio profesional y la tarea docente han configurado un punto de vista particular sobre ese fenómeno que he dado en llamar el **neuroTodo**.

He omitido las referencias numeradas o las citas al pie de página pues pueden ser distractores y no fomentan la lectura de un texto completo, ciertamente más rica y con posibilidades de cotejo entre el original y otras interpretaciones.

Libros

Bartra, Roger (2009). *Chamanes y robots*. Barcelona, Anagrama.

Bartra, Roger (2007). *Antropología del cerebro. La conciencia y los sistemas simbólicos*. México, Fondo de Cultura Económica.

Baudrillard, Jean (2002). *La ilusión vital*. Buenos Aires, Siglo Veintiuno Editores.

Benasayag, Miguel (2015). *El cerebro aumentado, el hombre disminuido*. Buenos Aires, Paidós.

Brockman, John (Ed.) (2016). *Thinking. The new science of decision-making, problem-solving, and prediction*. Nueva York, Harper Perennial.

Cortina, Adela (2011). *Neuroética y neuropolítica. Sugerencias para la educación moral*. Madrid, Tecnos.

Damasio, Antonio R. (1994). *El error de descartes*. Santiago de Chile, Editorial Andrés Bello.

Damasio, Antonio R. (2005). *En busca de Spinoza*. Barcelona, Crítica.

Damasio, Antonio R. (2000). *Sentir lo que sucede*. Santiago de Chile, Editorial Andrés Bello.

Damasio, Antonio R. (2012). *Y el cerebro creó al hombre: ¿Cómo pudo el cerebro generar emociones, sentimientos, ideas y el yo?*. Barcelona, Booket.

Dawkins, Richard (2015). *El relojero ciego*. Barcelona, Tusquets.

Deleuze, Gilles (2001). *Spinoza: Filosofía práctica*. Barcelona, Tusquets.

Dennet, Daniel (2017). *De las bacterias a Bach: La evolución de la mente*. Barcelona, Pasado & Presente.

Echeverría, Rafael (2016). *El búho de Minerva*. Buenos Aires, Granica.

Gazzaniga, Michael S. (2000). *The mind's past*. Berkeley, University of California Press.

Gazzaniga, Michael S. (1996). *Conversations in the cognitive neurosciences*. Cambridge, MA, The MIT Press.

Harari, Yuval Noah (2014). *De animales a dioses. Breve historia de la humanidad*. Buenos Aires, Penguin-Random House.

Harari, Yuval Noah (2016). *Homo Deus Breve historia del mañana*. Buenos Aires, Penguin-Random House.

Hofstadter, Douglas R. (2014). *Yo soy un extraño bucle*. Barcelona, Tusquets.

Hustvedt, Siri (2021). *Los espejismos de la certeza. Reflexiones sobre la relación entre el cuerpo y la mente*. Buenos Aires, Seix Barral.

Kahneman, Daniel (2011). *Thinking fast and slow*. Farrar, Straus and Giroux.

Maturana, Humberto (2004). *De máquinas y seres vivos*. Buenos Aires, Lumen.

Maturana, Humberto (2014). *El sentido de lo humano*. Buenos Aires, Granica.

Maturana, Humberto y Pörksen, Bernhard (2015). *Del ser al hacer. Los orígenes de la biología del conocer*. Buenos Aires, Granica.

Moreno, Julio (2001). *Ser humano. La inconsistencia, los vínculos, la crianza*. Buenos Aires, Libros del Zorzal.

Pacho García, Julián (1998). *¿Naturalizar la razón? Alcance y límites del naturalismo evolucionista*. Buenos Aires, Siglo Veintiuno Editores.

Pinker, Steven (2005). *La tabla rasa. La negación moderna de la naturaleza humana*. Barcelona, Paidós.

Pinker, Steven (2005). *La tabla rasa, el buen salvaje y el fantasma en la máquina*. Barcelona, Paidós.

Popper, Karl R. y Eccles, John C. (2012). *The self and its brain*. Nueva York, Springer.

Ramachandran, V.S. (2012). *The telltale brain: A neuroscientist's quest for what makes us human*. Nueva York, W. W. Norton & Company.

Schrödinger, Erwin (2016). *Mente y materia*. Barcelona, Tusquets.

Sanjuan, Julio y Cela, Camilo José (2006). *La profecía de Darwin*. Madrid, Ars Médica.

Smith Churchland, Patricia (1989). *Neurophilosophy. Toward a unified science of the mind-brain*. Cambridge, MA, The MIT Press.

Von Uexküll, Jakob (2016). *Andanzas por los mundos circundantes de los animales y de los hombres*. Buenos Aires, Cactus.

Publicaciones

Australian Brain Alliance (2019). A neuroethics framework for the Australian Brain Initiative. *Neuron*, 101(3), 365-369.

Bickle, John et al. (2019). The Philosophy of Neuroscience. *Stanford Encyclopedia of Philosophy*, otoño 2019. Disponible en: https://plato.stanford.edu/archives/fall2019/entries/neuroscience/.

Bomhauser, Niklas y Csef, Herbert (2005). Nuevas enfermedades ¿del alma? Reflexiones psicosomáticas a propósito de algunas analogías estructurales entre síndrome de fatiga crónica,fibromialgia y sensibilidad química múltiple. *Revista Chilena de Neuro-Psiquiatría*, 43(1), 41-50.

Brown, Richard et al. (2019). Understanding the high-order approach to consciousness. *Trends in Cognitive Sciences*, 23(9), 754-768.

Caparrós, Martín (2019). Lo que no sabemos. *El País* (España), 20 de octubre.

Craik, Fergus L.M. et al. (1999). In search of the Self. A Positron Emission Tomography study. *Psychological Science*, 19(1), 26-34.

Crick, Francis y Koch, Christaf (1990). Towards a neurobiological theory of consciousness. *Seminars in Neurosciences*, 2, 263-275.

De Miguel, Rafa (2020). Gina Rippon: "No tiene sentido preguntarse si un cerebro es femenino o masculino". *El País* (España), 22 de febrero.

Dias, Brian G. et al. (2015). Epigenetic mechanisms underlying learning and the inheritance of learned behaviors. *Trends in Neurosciences*, 38(2), 96-107.

Duñó, R. et al. (2008). Ajuste premórbido pobre vinculado al deterioro en habilidades de teoría de la mente: estudio en pacientes esquizofrénicos estabilizados. *Revista de Neurología*, 47(5), 242-246.

Estany, Anna (2013). La filosofía en el marco de las neurociencias. *Revista de Neurología*, 56(6), 344-348.

García Albea, José E. (2011). Usos y abusos de lo "neuro". *Revista de Neurología*, 52(10), 577-580.

Greely, Henry T. et al. (2016). Neuroethics in the age of Brain Projects. *Neuron*, 92(3), 637-641.

Gunn, B.G. y Barann, T.Z. (2017). Stress and seizures: Space, time and hippocampal circuits. *Trends in Neurosciences*, 40(11), 667-679.

Ioannidis, John R.A. (2005). Why most published research findings are false. *PLoS Med*, 2(8). Disponible en: https://journals.plos.org/plosmedicine/article?id=10.1371/journal.pmed.0020124.

Krueger, Frank y Meyer Lindenberg, Andreas (2018). Toward a model of interpersonal trust drawn from neuroscience, psychology and economics. *Trends in Neurosciences*, 42(2), 92-101.

Ludwig, David S. et al. (2008). Mindfulness in Medicine. *JAMA*, 300(11), 1350-1352.

Molins, Francisco y Serrano, Miguel (2019). Bases neurales de la aversión a las peérdidas en contexto económico. Revista de Neurología, 68(3), 47-58.

Montes Rodríguez, C.J. et al. (2006). De la restauración neuronal a la reorganización de los circuitos neuronales: una aproximación a las funciones del sueño. *Revista de Neurología*, 43(7), 409-415.

Munafó, Marcus R. y Flink, Jonathan (2010). How reliable are scientific studies. *British Journal of Psychiatry*, 197(4), 257-258.

Nuevos campos de la Neurología. *Revista de Neurología*, Suplemento 1, octubre 2009, Vol. 5, 1-68.

Poole, Steven (2012). Your brain on pseudoscience: The rise of popular bullocks. *The New Statesman*, 6 de septiembre.

Ramos, Khara et al. (2019). The NIH Brain initiative: Integrating neuroethics and neurosciences. *Neuron*, 101(3), 394-398.

Randall, Kevin (2015). La neuropolítica: cómo las campañas están usando nuevas tecnologías para leer tu mente. *The New York Times*, 12 de noviembre.

Ruiz Sánchez de León, J.M. et.al. (2011). Neurología, neuropsicología y neurociencias: sobre usos y abusos de la "neuro". *Revista de Neurología*, 53 (5), 320.

Ryota, Kanai (2011). Brain structures differ in liberals, conservatives: Study. *Current Biology*, 21(8), 677-680.

San Pedro, Javier (2021). El conocimiento no emerge de los datos. *El País* (España), 22 de agosto.

Scolnik, Deewa et al. (2008). The seductive allure of neuroscience explanations. *Journal of Cognitive Neuroscience*, 20(3), 470-477.

Schaasma, Sara M. et al. (2014). Deconstructing and reconstructing theory of mind. *Trends in Cognitive Sciences*, 19(2), 65-72.

Scheinost, Dustin et al. (2019). Ten simple rules for predictive modeling of individual differences in neuroimaging. *Neuroimage*, 193, 35-45.

Tirapu Ustaroz, J. et al. (2003). Hacia una taxonomía de la conciencia. *Revista de Neurología*, 36 (11), 1083-1093.

Yuste, Rafael (2020). Por qué hay que prohibir que nos manipulen el cerebro antes de que suceda. *El País* (España), 12 de febrero.

Ingram Content Group UK Ltd.
Milton Keynes UK
UKHW011912200623
423768UK00004B/373